# 科研費
## 採択に向けた
## 効果的なアプローチ
*Effective approach*

塩満 典子 【著】
北川 慶子

学文社

## はじめに

　温故知新，新しい良いものは，過去の良いものを見て聞いて，学んで作られる．最初は，誰も優れた申請書をどのように書いてよいかわからない．

　今から8年前，平成20（2008）年に室伏きみ子先生と筆者の共著『研究資金獲得法』が出版された後，具体的に科研費獲得のためのポイントとノウハウを伝える解説書が複数出版された．特に，児島将康先生の『科研費獲得の方法とコツ』（羊土社）は，ご自身の申請書をもとに，わかりやすく優れて有用な解説が行われているため，筆者の研究資金獲得法の講演や申請書作成のアドバイスの際に，良書としてお薦めしてきた．

　一般に，申請書の書き方は，研究室の主宰者（プリンシパル・インベスティゲーター：PI）や先輩から若手へ，日常の中で語り継がれる．このため，書き方がわかっている研究室は，次から次へと研究資金を獲得し，正のスパイラルで活動を拡大していくが，そうでない研究室の活動は縮減していく．教授や先輩が書き方のコツを知っているかどうか，教えてもらえる環境かどうかは，研究者としてのキャリアプランにも大きく影響する．

　本書では，科学技術振興機構（JST）で審査事務局経験を持ち，奈良先端科学技術大学院大学，お茶の水女子大学，宇宙航空研究開発機構（JAXA）などで，資金獲得支援の成功を重ねた筆者が，科研費獲得のための基本的なポイントをお伝えする．また，共著者の北川慶子先生が，ご自身の採択申請書をもとに，人文・社会科学研究，自然科学と人文・社会科学との異分野融合型研究の申請書の書き方のポイントを具体的に解説する．さらに，不採択事例に基づき，向上点の分析を行うという画期的な内容も含んでいる．

　科研費を獲得したいが，まわりに良いメンター，アドバイザーを見つけられない，育児，介護，看護で，夜遅くまで研究室に残れない，学会活動に出られない，懇親会で話を聞くことができない，そもそもPIや先輩との付き合い方がわからない，得意でないという方々は多い．多くの方々の切実なニーズにお応えし，課題解決に一歩でも近づくお役に立つことができたら，とても嬉しく思う．

　優れた科学的成果の創出は，人類の知的財産の蓄積につながるだけでなく，その波及効果で新たな社会的価値の創造，イノベーションを促し，産業や人々の暮らしに好影響をもたらす．

　読者の皆様が本書を活用して科研費採択に成功するための効果的アプローチを見つけていただきたいとの真摯な思いをタイトルにこめた．新しい学術のフロンティアを先導する一助にしていただけたら幸いである．

平成28（2016）年7月

塩満　典子

# 目次

はじめに　1

# 第1章　科研費採択のための基本と重要ポイント　7

## 第1節　高度な専門性・先進性が感じられる伝え方　7
1. 的確なタイトル表現　7
2. 先進的で高度な専門性を有する研究内容　8
3. 審査委員構成を意識した伝え方　8

## 第2節　申請書作成のプロセスチェック　9
1. はじめに　9
2. 申請書作成の一般的プロセス　9
3. 計画から実行のPDCAサイクル　10
4. 自分のポジショニングと種目選択　10

Column　FAQ 1　11

## 第3節　重要性が伝わる書き方のポイント　12
1. 最初のつかみを大切に　12
2. 自分のポジショニングと評点分布をイメージする　14
3. 比較優位性を印象づける　14
4. 研究倫理とコンプライアンス遵守　15
5. チャレンジ精神と十分な準備確保　16

Column　「超低速ミュオン顕微鏡が拓く物質・生命・素粒子科学のフロンティア（新学術領域）」の申請と採択　17

# 制度から見た科研費採択のポイント …… 18

## 第1節 科学研究費補助金制度 …… 18

1. 制度の概要　18
2. 予算額の推移　19
3. 応募・採択の状況　20
4. 研究種目の目的と資金規模　24
5. 公募から内定までの流れ　26
6. 評定基準　26

## 第2節 評定要素・評点と科研費採択のポイント …… 29

Column　科研費申請のアドバイスを受けて得られたもの　30

# 科研費（人文・社会科学系）取得における申請書作成のポイント …… 31

## 第1節 基盤B/海外学術調査採択事例による「研究課題」の包括的表現方法 …… 33

1.「研究課題」の決め方　33

## 第2節 「研究目的（概要）」の簡潔な書き方 …… 35

## 第3節 「本研究の学術的背景等」の具体的・明確な書き方 …… 37

## 第4節 「研究計画・方法」の具体的・明確な書き方 …… 42

第5節 「準備状況・発信方法」の具体的・明確な書き方 ................ 49

第6節 「重複応募，研究内容の相違点」の書き方 ................ 51

第7節 「研究業績」の書き方 ................ 56

第8節 「これまでに受けた研究費とその成果等」の書き方 ................ 57

第9節 「人権の保護及び法令等の遵守への対応」の書き方 ................ 60

第10節 「研究経費の妥当性・必要性」の書き方 ................ 62

第11節 「研究費の応募・受入等の状況・エフォート」の書き方 .... 66

## 第4章 不採択申請書の実例分析から採択への道へ ................ 71

第1節 研究種目と応募分野の選び方 ................ 71

第2節 大切な審査結果の通知分析 ................ 72

第3節 事例研究（挑戦的萌芽研究と基盤研究C）................ 74

  1. 採択申請書（「挑戦的萌芽研究」）の分析　74
  2. 不採択申請書の分析と採択の為の徹底研究　91
  3. 不採択事例から挑戦的萌芽研究の研究目的・研究計画の書き方を考える　95
  4. 不採択通知評価Bの分析　99
  Column　FAQ 2　106
  Column　FAQ 3　106

# 第5章 異分野融合型研究による研究資金を獲得するための基本的考え方 ……… 108

## 第1節 人文・社会科学系から自然科学系への接近における基本的考え方 …… 108
1. 制度の発展　　108
2. 異分野融合型研究の特徴　　109
3. 進捗評価と継続　　110

## 第2節 課題解決に向けた異分野業績への強い関心と最適なパートナー発見 … 112

## 第3節 「異分野融合研究」申請書作成のポイント ……………………………… 113
1. 採択申請書からみた課題の設定方法　　113
2. 「異分野融合を図る研究分野」の設定方法　　115

## 第4節 研究構想から「研究計画」の書き方の手順 ……………………………… 118
1. 研究計画作成前のポイント　　118
2. 研究計画を書くポイント　　120

あとがき　　128

資　料　　130

# 資料目次

図1　研究者が所属する研究機関別　採択率　上位30機関（平成27年度　新規採択分）　130

図2　研究者が所属する研究機関別の採択件数（平成27年度　新規＋継続，上位50機関）（全機関）　132

図3　研究者が所属する研究機関別の採択件数（平成27年度　新規＋継続，上位50機関）（国立大学）　134

図4　平成27（2015）年　教員数上位50機関（国立大学）　136


表1　研究者が所属する研究機関別　採択率　上位30機関（平成27年度　新規採択分）　131

表2　研究者が所属する研究機関別の採択件数（平成27年度　新規＋継続，上位50機関）（全機関）　133

表3　研究者が所属する研究機関別の採択件数（平成27年度　新規＋継続，上位50機関）（国立大学）　135

表4　平成27（2015）年　大学別教員数（職階別・男女別，国立大学，教員数順）　137

表5　平成27（2015）年　大学別教員数（職階別・男女別，公立大学等，教員数順）　139

表6　文部科学省ダイバーシティ研究環境実現イニシアティブ・女性研究者支援事業実施代表機関　141

# 第1章 科研費採択のための基本と重要ポイント

## 第1節 ❖ 高度な専門性・先進性が感じられる伝え方

　科研費の採択については，① 一人で何度も成功している，② 採択されてもその率が高くない，③ 何度チャレンジしても採択されない，という場合がある。真摯に研究を続けていて，研究内容や実力で採択者と比べて決して引けを取らないにもかかわらず，採択率に違いが出てしまうことがある。採択されるためには，何か特別な書き方や採択されるためのコツがあるのだろうか。

　筆者は，コツがあると考えている。採択されるための効果的なアプローチ，審査委員に内容や実力を正確に伝える，高評価につながる近道があると考えている。もちろん研究計画や研究内容が優れていなければ採択されない。しかし，それだけでは，やはり十分ではない。

　申請書は審査委員が興味をもって読み進んでいかないと始まらない。審査委員との書面を通じたコミュニケーションには，印象強く，納得性・共感性を高める効果的な伝え方が必要のようだ。是非，本書を参考に，このポイントをご理解いただきたい。

### 1. 的確なタイトル表現

　採択される「研究課題」（タイトル）には，多くの場合，以下の共通点がある。
　①「学術研究」であることが伝わる。
　② タイトルは長すぎず魅力的である。興味・関心を引く。
　③ 学術用語が含まれ，高度な専門性・先進性が感じられる。

　審査委員には，同分野の専門家と異分野の専門家がいる。同分野と異分野の構成割合は，申請者一人ひとりの研究内容，応募する種目や分野によって異なるので，できれば前年度までの委員構成を確認いただきたい。異同どちらの審査委員にも，新分野の開拓，パラダイムの創出への強い期待感を感じてもらえるタイトルが必要である。タイトル一読で内容が伝わるように推敲を重ねることが重要である。

## 2. 先進的で高度な専門性を有する研究内容

採択される申請書の内容には，多くの場合，以下の共通点がある。
① 世界に先駆けている。文献がある。
② 概要が心に響く。論理的で理解のフレームワークを作りやすい。
③ 学術用語が含まれ，高度な専門性・先進性が感じられる。
④ 仮説が学術的に重要で，ビジョンが明確である。
⑤ ビジュアルで重要なポイントが見える。下線で強調する，小見出しをつける，写真や図がある，キャプションや注がある，などわかりやすい内容となっている。

## 3. 審査委員構成を意識した伝え方

審査委員には専門分野外の方も含まれるので，読者の方々は，タイトルや内容はわかりやすく平易を心がけて，とお思いになるかもしれない。

しかし，世界のトップを走る学術研究の申請をしている科学者，というご自身の存在を客観的に思い起こしてみていただきたい。申請書は，複数の審査委員から優れた内容，尊敬できる内容と認められなければ採択されない。

一般的に，相手に思いが伝わるときは，① 伝える内容，② 伝える相手との親和性，③ 伝え方，④ ビジョン，⑤ 熱意等の総合点が高かったときと考えられる。印象強く高い評価を受ける申請書の共通点は，容易には達成できず，説明がやさしすぎず，高度な専門性・先進性が審査委員の心に響き，共鳴できる内容を持っていることである。

異分野の専門家が審査委員に含まれることを意識しすぎると平易になりすぎ，同分野の審査委員を意識しすぎると難解になりすぎるので，バランスが大切になる。

採択されるための本質は，審査基準に照らして高く評価される学術性・論理性，審査委員の思考のフレームワークに沿った説得性・共感性であるが，いろいろな背景を持つ審査委員の立場になって評点作業をシミュレーションすることも重要である。

申請書の作成に当たって，まず以下のポイントに思いを巡らしていただきたい。

- 研究課題の重要性・妥当性・普遍性・波及効果
- 研究計画・方法の妥当性・適切性・明確性（フローチャートで説明できる）
- 研究内容の独創性・革新性・先進性・論理性
- 研究組織・体制の合理性，役割分担の明確化，準備状況
- 申請者等の業績（論文等がある）
- 研究経費の妥当性・必要性（費用対効果）
- 当該分野及び関連分野への貢献度，波及効果
- 研究費目及び審査区分としての適切性

## 第2節 ❖ 申請書作成のプロセスチェック

　では，具体的に申請書をどのようなプロセスを経て作成していけばよいか，そのポイントを以下にご紹介する。

### 1. はじめに

　ご自身の研究課題は，一つのことも，複数のこともある。

　複数の場合，どのように研究課題を選ぶか。また，一つであっても，どの領域・分野に出すか，迷うことと思う。これまで誰も挑戦していない研究課題か，多くの人が取り組んでいる流行の課題か，どの研究種目がよいか。採択率が高く，採択件数の多い広き門か，逆の狭き門か。信頼できるメンターに相談する必要も生じてくる。

　メンターに相談する前に，以下の確認をお勧めする。

### 2. 申請書作成の一般的プロセス

　以下は，作成のプロセスの代表例である。各プロセスの順序は前後することがある。科研費採択のためには，面倒でも全てのプロセスを実施することが早道となる。

　① 研究種目の公募要領を読む（制度の目的，募集対象，研究費額・期間，募集期間）。
　② 応募したいと思う研究種目の採択件数と採択率を確認する。
　③ 自分の研究業績と分野内の位置づけを考える。
　④ KAKENデータベースで先行課題を分析する。
　⑤ 制度の目的と審査基準をよく読み，応募種目を決める。
　⑥ 過去の審査委員構成を分析する。
　⑦ 研究構想・計画のビジョンを明確にする（5W1H）。
　⑧ 審査委員をイメージしながら，審査基準に合わせてビジュアルに応募書類を書く。
　⑨ 不明な点は，担当者に問い合わせる。公募説明会に出席する。

　上記の①②⑤⑧については，本書の「第2章　制度から見た科研費獲得の重要ポイント」を参考にしていただきたい。同章では，基本的情報を説明している。

　③④ 分野内のポジショニングと先行課題については，「KAKEN（科学研究費助成事業）データベース」が重要情報を提供している。「KAKEN」とキーワードを入れれば，インターネット検索で見つかる。本データベースには，文部科学省および独立行政法人日本学術振興会（JSPS）（以下「JSPS」という。）が交付する科学研究費助成事業により行われた研究の当初採択時のデータ（採択課題），研究成果の概要（研究実施状況報告書，研究実績報告書，研究成果報告書概要），

研究成果報告書および自己評価報告書が収録されている。

本データベースにより，我が国における全分野の最新の研究情報について検索することができる。先行課題の「キーワード」や優れた言い回し，該当種目や資金規模の目安がわかるなど，とても良い参考になる。

⑥の審査委員名簿については，JSPS のホームページに公表されている。応募時点では，当該年度の審査委員名簿は公表されていないが，系・分野・分科・細目ごとに，過去の名簿は公表されているので，ご自身の応募する細目番号の名簿の傾向を分析することが重要である。

⑨の公募説明会の出席も有効である。JSPS 主催の説明会以外に，各大学や研究機関が JSPS の関係者や過去の採択経験者を講師にして行う説明会もある。参加することで得られる情報も多いので，できるかぎり活用したい。

⑦が最も重要である。ご自身が最も行いたい，学術的に重要と思っている研究構想と年次計画の整理が大切になる。図やフローチャートで，ご自身の研究計画を可視化すると，何が審査委員に伝わりにくいかが客観視でき，推敲を重ねることで，申請書に記載する研究仮説や計画内容の論理性や説得性が高まる。

## 3. 計画から実行の PDCA サイクル

科研費の申請書の作成においても，資源配分と成果を意識した PDCA サイクルをイメージした計画づくりが重要である。

 ① Plan（計画）
   ⅰ．Organization（組織，体制：どこで，何人で行うか）
   ⅱ．Priority（優先順位：まず何を行うか）
   ⅲ．Resource Allocation（資源配分：資金，人）
   ⅳ．Program and Project（施策：体制，内容，期間）
 ② Do（研究実施）
 ③ Check（評価）
 ④ Action（改善，成果実践）

第2章で詳述する「審査基準」や「評定要素」と合わせて，適切な研究体制・資金規模，準備状況，達成可能性など，マネジメントの視点やリーダーシップを発揮して，優れた計画内容，遂行能力があると納得できる根拠を，これまでの実績とともに申請書に書き込んでいく。

## 4. 自分のポジショニングと種目選択

過去の成功のアファメーションも含め，自分の実力を客観的に分析し，個人型か，チーム型

か，グループ参加型かを決めて，種目を選ぶこととなる。

　選ぶ際には，「KAKEN データベース」で先行課題を確認することを忘れない。次に，採択倍率や審査委員構成を見て，もう一度，よく考える。第2章以降を参考にして，自分に合った制度と種目を選び，応募する。急がば回れは鉄則である。

### Column ▶ FAQ 1

**Q．審査委員は，どのようにして調べたらよいですか？**

A．「新学術領域」以外の研究種目については，（独）日本学術振興会（JSPS）の科研費のホームページに掲載されている「審査委員名簿」を検索してご覧ください。左側のメニューの「審査・評価関係」からも見つけられます。この名簿は，毎年度7月から10月ごろに更新されています。応募する細目に迷いがあるときは特に，細目ごとの過去の審査委員（機関名・所属名・職名）を確認してみましょう。例えば，生物系の場合，生物学と総合生物の分野間で，どちらの採択可能性が高いか迷われるかもしれません。工学系の場合，総合理工と工学の間，人文社会系の場合，総合人文社会と人文学あるいは社会学の間，総合系の場合，情報学と複合領域の間では，研究種目ごとの差も大きいとはいえ，分野ごとに採択率の違いがあります（毎年度報告される「科研費の審査に係る総括」を参照）。本文でも解説しましたが，細目ごとの審査委員名簿を過去5年間ほど見て，どの細目の審査委員構成がご自身の研究内容に近いか，事前リサーチをしっかり行うことが，採択のための有効なアプローチになります。

　「新学術領域（研究領域提案型）」の公募・審査は，文部科学省（MEXT）で行われています。同省の科研費関係ホームページで，人文社会系，理工系，生物系，複合領域の中の希望する区分に応じた担当委員会の構成をよく分析しましょう。

# 第3節 重要性が伝わる書き方のポイント

## 1. 最初のつかみを大切に

　審査委員が読み続けたいと思う申請書を作成する必要がある。このため，特に，最初のつかみが大切になる。

　○ 最初に，研究の重要性を書く。
　○ 次に，自分が世界に先立って研究を推進する意義・理由を書く。
　○ さらに，研究成果の重要性を強調する。
　○ 最後に，学術的・社会的意義，波及効果を書く。

「研究目的」の欄に記載する最初の「概要」で，採否が決まるといっても過言ではない。どのような仮説を立て，研究を進めるのか。なぜ，この申請書が優れているのか，達成可能か。小さなスペースの中に盛り込む必要がある。

---

様式Ｓ－１－12　応募内容ファイル（添付ファイル項目）
　　　　　　　　　　　　　　　　　　　　　　　　　　　　　　　　若手（Ａ）－１

**研　究　目　的**
　本欄には，研究の全体構想及びその中での本研究の具体的な目的について，<u>冒頭にその概要を簡潔にまとめて記述した上で</u>，適宜文献を引用しつつ記述し，特に次の点については，焦点を絞り，具体的かつ明確に記述してください（記述に当たっては，「科学研究費助成事業における審査及び評価に関する規定」（公募要領75頁参照）を参考にしてください。）。
　① 研究の学術的背景（本研究に関連する国内・国外の研究動向及び位置づけ，応募者のこれまでの研究成果を踏まえ着想に至った経緯，これまでの研究成果を発展させる場合にはその内容等）
　② 研究期間内に何をどこまで明らかにしようとするのか
　③ 当該分野における本研究の学術的な特色・独創的な点及び予想される結果と意義

**研　究　目　的（概要）**　※ 当該研究計画の目的について，簡潔にまとめて記述してください。

---

（出典）「平成28年度科学研究費助成事業　科研費公募要領　研究計画調書様式（若手研究（Ａ））」（独立行政法人日本学術振興会）より抜粋

　この「研究目的」の欄に，審査委員がどのような内容を期待しているか，細かく親切に注意書きが書かれている。特に，最初の「概要」の数行が重要である。このまま，インストラクションに沿って丁寧に書いていけばよい。筆者がこれまで見てきた例では，意外なことに，注意

書きとして書かれている「① 研究の学術的背景」「② 研究期間内に何をどこまで明らかにしようとするのか」「③ 当該分野における本研究の学術的な特色・独創的な点及び予想される結果と意義」が記述されていない例が多かった。是非，小見出しを付けるなどして，見やすさに心がけて説明いただきたい。

「研究目的」の欄には，さらに，
　a．研究の全体構想
　b．その中での本研究の具体的な目的
を冒頭に概要として，簡潔にまとめて記述していただきたい旨が書かれている。
　また，
　c．適宜文献を引用
と書かれている。「焦点を絞り，具体的かつ明確に記述し，「科学研究費助成事業における審査及び評価に関する規程」（公募要領該当ページ提示）を参考にしてください」とも書いてある。
　では，焦点を絞って，具体的かつ明確に記述するときのポイントを見ていこう。

| 求められる簡潔・明確な記述 | 記述すべき重要ポイント |
|---|---|
| ① 研究の学術的背景<br>・本研究に関連する国内・国外の研究動向及び位置づけ<br>・応募者のこれまでの研究成果を踏まえ着想に至った経緯<br>・これまでの研究成果を発展させる場合にはその内容等 | ○ 研究の学術的重要性，世界の潮流，自分のポジショニング<br>○ No.1, Only One の成果，世界に先駆けて行った研究，業績<br>○ 新規性，継続性，独創性，比較優位性（何が強みか。）<br>○ タイミング（なぜ，今か。） |
| ② 研究期間内に何をどこまで明らかにしようとするのか | 仮説検証のプロセス，マイルストーン |
| ③-1　当該分野における本研究の学術的な特色・独創的な点 | ①の言い換えに加えて，研究の学術性・独創性の強調 |
| ③-2　予想される結果と意義 | ②の言い換えに加えて<br>○ 学術的意義，科学観・価値観・パラダイム変化<br>○ 波及効果としての社会的意義。イノベーション |

　この表は，筆者が申請書を見ながら申請者と一緒に考えるときのフレームワークになっている。
　様式の研究目的欄に記載のある「科学研究費助成事業における審査及び評価に関する規程」（審査・評価基準）も重要である。この規程の意味について次項で概要を紹介し，さらに，「第2章第1節　6．評定基準」の項で詳しく説明する。

## 2. 自分のポジショニングと評点分布をイメージする

　ご自身の分野内でのポジショニング（位置づけ）と評点分布をイメージして，申請書を書くことが重要である。ポジショニングは，世界の学術の潮流の中で，ご自身の論文業績や学会活動等の相対的な位置づけにより決まる。論文数や被引用度などの客観的ベンチマーキング指標も参考になる。科研費の第1段審査（書面審査）の評定要素，評点区分，総合評点をイメージしながら，種目選択，計画立案，申請書記入を効果的に進めていくことが重要である。

---

**科研費（基盤研究）　第1段審査における評定基準**

評定要素
　（1）研究課題の学術的重要性・妥当性
　　　（「研究経費」「研究目的」欄など）
　（2）研究計画・方法の妥当性
　　　（「研究計画・方法」「研究経費の妥当性・必要性」欄など）
　（3）研究課題の独創性及び革新性
　　　（「研究目的」「研究計画・方法」欄）
　（4）研究課題の波及効果及び普遍性
　　　（「研究目的」「研究計画・方法」欄）
　（5）研究遂行能力及び研究環境の適切性
　　　（「研究組織」「研究計画・方法」「研究業績」「これまでに受けた研究費とその成果等」「今回の研究計画を実施するに当たっての準備状況及び研究成果を社会・国民に発信する方法」欄など）

| 評点区分 | 評定基準 |
|---|---|
| 4 | 優れている |
| 3 | 良好である |
| 2 | やや劣っている |
| 1 | 劣っている |

総合評点

| 評点区分 | 評定基準 | 評点分布の目安 |
|---|---|---|
| 5 | 非常に優れた研究課題であり，最優先で採択すべき | 10% |
| 4 | 優れた研究課題であり，積極的に採択すべき | 20% |
| 3 | 優れた研究課題であり，採択してもよい | 40% |
| 2 | 採択するには研究内容等に不十分な点があり，採択を見送るべき | 20% |
| 1 | 研究内容等に問題があり，採択に値しない | 10% |
| ― | 利益相反の関係にあるので判定できない | ― |

（備考）「科学研究費助成事業における審査及び評価に関する規程」（独立行政法人日本学術振興会科学研究費委員会）をもとに作成

## 3. 比較優位性を印象づける

　マネジメントを行うときによく使われる「SMART」も重要である。筆者はこの言葉を『起きていることはすべて正しい―運を戦略的につかむ　勝間式4つの技術』（勝間和代著，ダイヤモンド社）で見つけて，なるほどと感じ活用している。申請書では，できるかぎり定量的・客観的な指標，アウトカム，マイルストーンを用いることを意識して，審査委員に比較優位性を印象づけることを心がけたい。

　① Specific（具体的）
　② Measurable（測定可能）

③ Achievable（達成可能）
④ Result-Oriented（結果重視）
⑤ Time-Bound（期限つき）

どの世界でも，情報収集分析力，応用力の高さが競争順位を高めるので，過去の傾向分析と対策検討が重要である。是非，インテリジェンスを発揮いただきたい。

社会的意義については，アウトカムのイメージやビジョンを五感で感じられるくらい鮮明に持つこと，そのイメージやビジョンが実現可能性と一緒に，タンジブルに共感をもって審査委員に伝えられることが大事である。何年後，何十年後の将来ビジョンから，今，何を行うかという「バックキャスト手法」の活用も有効である。

## 4. 研究倫理とコンプライアンス遵守

申請前までに研究倫理教育の受講を行うことが必須である。

研究不正と研究費不正の防止は，今回の申請に限らず研究資金を獲得し続けるため，科学コミュニティ全体の信頼を確保するためということに加え，ご自身のキャリア形成のためにとても大切になる。一度の不正で大切な将来を棒に振ることのないようにしたい。

---

**【研究代表者が行うべきこと】**
- 交付申請前までに，自ら研究倫理教育に関する教材（科学の健全な発展のために―誠実な科学者の心得―日本学術振興会「科学の健全な発展のために」編集委員会，CITI Japan e-ラーニングプログラム等）の通読・履修をすること，または，「研究活動における不正行為への対応等に関するガイドライン」（平成26年8月26日 文部科学大臣決定）を踏まえ研究機関が実施する研究倫理教育の受講をすること
- 研究分担者から
  ① 応募時までに，「当該研究課題の交付申請前までに，研究倫理教育の受講等をする」旨が明記された「科学研究費助成事業研究分担者承諾書」を徴すること
  ② 交付申請前までに，研究分担者が研究倫理教育の受講等を行ったことを確認すること

**【研究分担者が行うべきこと】**
- 研究代表者に，「当該研究課題の交付申請前までに研究倫理教育の受講等をする」旨が明記された「科学研究費助成事業研究分担者承諾書」を提出すること
- 自ら研究倫理教育に関する教材（科学の健全な発展のために―誠実な科学者の心得―日本学術振興会「科学の健全な発展のために」編集委員会，CITI Japan e-ラーニングプログラム等）の通読・履修をすること，または，「研究活動における不正行為への対応等に関するガイドライン」（平成26年8月26日 文部科学大臣決定）を踏まえ，研究機関が実施する研究倫理教育の受講をすること
- 研究代表者が交付申請を行うまでに，研究倫理教育の受講等後に受講等をした旨を研究代表者に報告すること

---

（出典）「平成28年度科学研究費助成事業　科研費公募要領」（独立行政法人日本学術振興会）より抜粋

「科研費公募要領」をよく読み，申請前までに，研究代表者・研究分担者に求められる要件を満たすことを忘れないでいただきたい．

### 5. チャレンジ精神と十分な準備確保

「求めよ，さらば，与えられん」は，聖書を通じて多くの人々に与えられた名言である．何も行動せず，受動的なままではチャンスは到来しない．達成の意志を強く持ち，能動的に行動することが大切である．

おっくうがらずに，これぞと思う研究種目の様式をダウンロードして，申請書の案を少しずつでも書いてみる．一度，書き始めると，推敲が楽しくなってくることが多い．最初の山を越えれば，あとは慣性力も働く．尊敬できる素敵なメンターを見つけられれば，申請書作成のプロセスがより楽しくなる．

十分な準備期間も成功率を高める．申請直前の火事場の馬鹿力，短期集中の徹夜仕事が効果的なこともあるが，時間切れになってしまう場合もある．募集期間に配慮して準備期間を設定することも忘れないでいただきたい．研究者番号の確認やe-Rad入力の練習も大切になる．

そして，採否には時の運，時代背景も関わってくる．時に利あらず，審査委員や種目・分野とご自身の価値観や研究スタイル・アプローチなどが合わないときもある．

歴史を振り返ると，多くの優れた天才が生前に評価されていなかったことがわかる．たとえ，一度や二度，採択されなくても，長い人生，大差なしと考えてよいと思う．研究課題や分野にもトレンドがある．「もしかしたら審査委員との相性が良くないのでは？」と感じたら，自分は大器晩成型と気分転換して，審査委員の任期も想像しよう．あきらめずにインテリジェンスを働かせ，対策を練ることで，まったく新しい科学的発見ができる可能性が高まる．科学的・社会的価値の創造，真に画期的・飛躍的な研究成果やイノベーションを生み出す，捲土重来のチャンスが生まれる．

では，次の章からは，科研費の制度内容と動向，具体例を見ていこう．

### Column

「超低速ミュオン顕微鏡が拓く物質・生命・素粒子科学のフロンティア（新学術領域）」の申請と採択

山梨大学名誉教授　鳥養映子

　物質や生命の機能に対して，界面などの境界条件が重要な役割を果たしている。界面は超伝導の増強や，新奇な物性を生む場としても注目される。私は，大型の科研費・新学術領域にチャレンジして「超低速ミュオン顕微鏡」を用いた新しい実空間イメージングの方法を確立し，界面において物理・化学・生命現象が現れる機構を解明して，物質設計に役立てる研究を行いたいと考えていた。

　超低速ミュオン顕微鏡開発のために，素粒子・原子核から物質・生命まで，ミュオンコミュニティの総力を結集する体制が整った。しかし，新学術領域は競争率も高い。大型研究費を何度も獲得している大先達から企業経営者まで，いろいろな視点からのご助言を頂いた。その中でも，申請書の作成と推敲にもっとも役立ったのが『研究資金獲得法』（塩満典子・室伏きみ子著，丸善）である。

　この本は，評価の視点を踏まえたポイントが客観的・具体的に示されていて，申請者が陥りがちな独りよがりを正してくれた。大量の申請書を短期間に読破して判断をくださなければならない審査委員に，この研究が世界最先端の科学を先導していること，新しい科学的概念を創出すること，科学的意義の高い仮説を研究期間内に証明できることなど，科学的ポテンシャルや実現性の高さをいかにアピールするか，そのコツをこの本は教えてくれた。

　さらに，共同研究者らと一緒に和光市にある理化学研究所に集まり，著者の塩満先生にご講演頂き，約2時間，熱い議論を行った。その後も，共同研究者十数名が毎週集まり，一字一句声を出して読み上げ，アドバイスを思い出しながら推敲を重ねた。アドバイスの中で特に印象に残っているのは，新学術領域のリーダーとして，ビジョンを明確にしていただきたい，キラキラする概念やキーワードを探す必要があります，とおっしゃったことであった。

　科研費採択には，有効なアプローチがあることを知る貴重なきっかけとなった。読者には，まず申請書執筆前に，本書『科研費採択に向けた効果的アプローチ』を通読（章と節のタイトルだけでも通読）し，さらに書き終わったら，この本にチェックポイントを入れながら，何度も読み直すことをお勧めしたい。きっと，著者の先生が手を入れたように，申請書が凛として，生き生きしてくるに違いない。

# 第2章 制度から見た科研費採択のポイント

## 第1節 ❖ 科学研究費補助金制度

### 1. 制度の概要

科学研究費助成事業（科学研究費補助金／学術研究助成基金助成金）は，文部科学省の競争的資金制度であり，人文・社会科学から自然科学まで全ての分野にわたり，基礎から応用までのあらゆる「学術研究」（研究者の自由な発想に基づく研究）を格段に発展させることを目的としている。その審査は，専門家のピア・レビューにより行われ，独創的・先駆的な研究に対して助成が行われる。

予算規模は 2,273 億円（平成 28 年度）であり，政府全体の科学技術関係経費（3.5 兆円）の約 6％，政府の競争的資金 4,120 億円の約 55％を占めている。政府財政の厳しい中で伸びの鈍化や微減は見られるが，国の最大規模の研究資金となっている。

表 2-1　我が国の科学技術・学術振興方策における「科研費」の位置づけ

| 資金の性格 ＼ 研究の性格 | 研究者の自由な発想に基づく研究（学術研究）<br>【curiosity-driven research】 | 政策課題対応型研究開発<br>【mission-oriented research】 |
|---|---|---|
| 競争的資金等<br>（公募・審査による課題選定） | **科研費による研究の推進** | 府省がそれぞれ定める目的のための公募型研究の実施 |
| 運営費交付金等 | 大学・大学共同利用機関等における研究の推進 | 政府主導の国家プロジェクトの実施<br>研究開発法人等における戦略的な研究開発の推進 |

（備考）「平成 28 年度科学研究費助成事業　科研費公募要領」（独立行政法人日本学術振興会）より作成

研究助成の対象分野・研究ステージは，人文・社会科学から自然科学のあらゆる分野の，萌芽期の研究から最先端の研究までに至り，幅広い。その研究成果は，ノーベル賞をはじめ，研究者の国内外での様々な受賞につながっている。

例えば小柴昌俊東京大学名誉教授が行った「"超高エネルギー μ 中間子束"現象の研究」において超新星爆発で放出されたニュートリノを観測している。この研究は，ノーベル物理学賞

(2002年),ベンジャミン・フランクリン・メダル(2003年),ウルフ賞(2000年)につながっている。

また,最近の大きな成果では,平成28(2016)年の元旦に新聞一面を飾った,日本発・アジア初の原子番号113番の新元素「ニホニウム」(名称提案中)の合成研究がある。国立研究開発法人理化学研究所仁科加速器研究センターの森田浩介超重元素研究グループディレクター(九州大学教授)らが「新元素の探索と超重元素の化学」の研究課題で特別推進研究を進められた。

以下,文部科学省と独立行政法人日本学術振興会(JSPS)が発行している「科研費 新たな知の創造 世界をリードする知的資産の形成と継承のために(平成27(2015)年版)」(以下「科研費パンフレット2015」という。),「平成28年度 科研費公募要領」(独立行政法人日本学術振興会),「平成27年度科研費の審査に係る総括」(平成27年10月6日,独立行政法人日本学術振興会科学研究費委員会)等で提供されている情報を中心に傾向分析を行う。

## 2. 予算額の推移

科研費の予算額は,政府が定める第1期・第2期の科学技術基本計画期間には,競争的資金倍増計画もあり,大きく伸びたが,平成18(2006)年度から始まる第3期科学技術基本計画期間中においては,厳しい財政事情の中,ゆるやかな伸びとなった。平成23(2011)年度には採択率の大幅な改善と基金化の改革が行われ,予算額は対前年度633億円増の2,633億円になった(p.20 図 科研費予算額の推移)。

平成23(2011)年度以降の予算額は基金化により,次年度以降に執行予定の研究費を含むようになった。平成28年度の予算額は2,273億円(対前年度0%の伸び率)である。

表2-2 科研費予算額の推移表

| 年度 | 平成21 | 平成22 | 平成23 | 平成24 | 平成25 | 平成26 | 平成27 | 平成28 |
|---|---|---|---|---|---|---|---|---|
| 予算額(百万円) | 196,998 | 200,000 | 263,300 | 256,610 | 238,143 | 227,616 | 227,289 | 227,290 |
| 前年度伸び率(%) | 1.9 | 1.5 | 31.7 | -2.5 | -7.2 | -4.4 | -0.1 | 0.0 |

(出典)「競争的資金制度一覧」(内閣府,平成21〜28年度)より作成

図 2-1　科研費予算額の推移

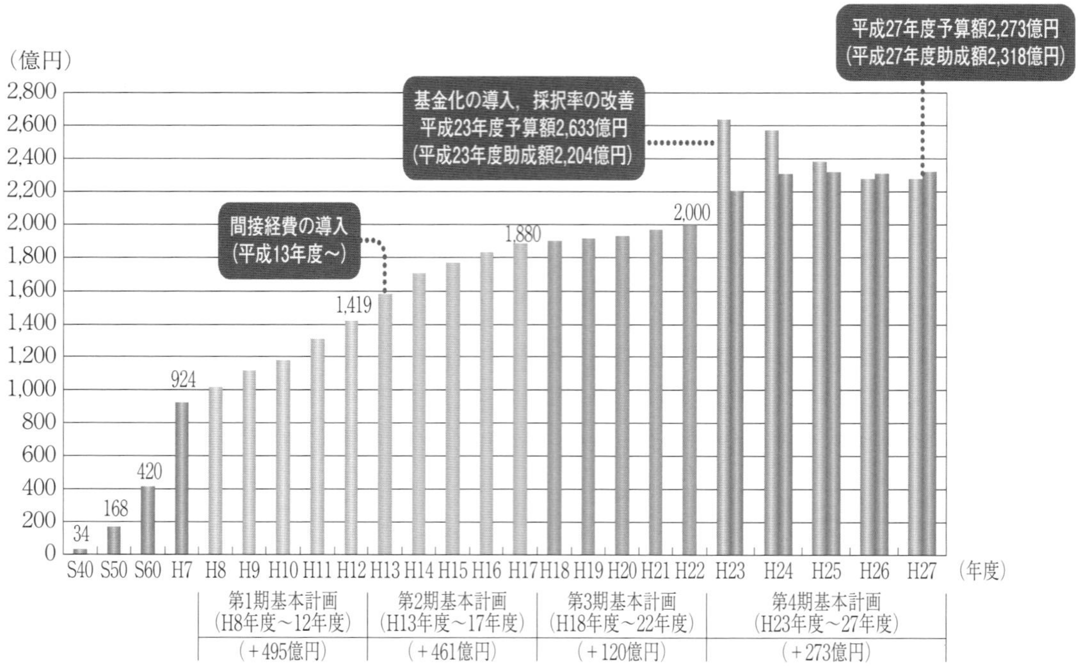

（出典）「科研費パンフレット 2015」（文部科学省，独立行政法人日本学術振興会）

## 3. 応募・採択の状況

　科学研究費の応募件数は過去 20 年間，増え続けている。一方，新規採択率は，ここ十数年は 20％台前半でほぼ横ばいとなっていたが，平成 23 年度に小規模な研究種目について採択率の大幅な改善を図ったため，全体の新規採択率は 26.9％となっている。

　文部科学省「平成 27 年度科学研究費助成事業の配分について（第 2 回）（資料 1-1）」によると，平成 27 年度は，新規応募 10.3 万件に対し，採択は 2.7 万件（平均採択率 26.2％，約 4 倍の倍率）であった。新規採択と継続分を合わせると 7.3 万件の研究課題に補助金を交付している。

　平成 27 年度の採択率（新学術領域以外）については，「平成 27 年度科研費の審査に係る総括」（平成 27 年 10 月 6 日，独立行政法人日本学術振興会　科学研究費委員会）に詳述されている。

　採択率の研究種目別の結果は，22 ページの表にまとめているので，参照いただきたい。

　男女別で比較すると，採択率では，男性 27.1％，女性 27.0％とほとんど差がないが，採択件数に占める割合では，男性 80.4％，女性 19.6％，配分額では，男性 86.7％，女性 13.3％と差がある。

　研究分野別では，平均採択率 27.2％から各分野の隔たりは，あまりない。採択件数と配分

額の規模は分野で異なるので、下表・下図を参考にイメージいただきたい。さらに、研究種目ごとにも、申請予定の分野別の採択率を確認いただきたい。

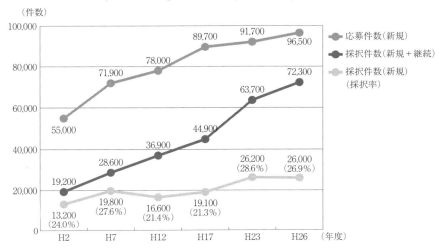

図 2-2 「科学研究費」の応募件数、採択件数、採択率等の推移

(注1)「科学研究費」：科研費のうち、特別推進研究、特定領域研究、新学術領域研究、基盤研究、挑戦的萌芽研究、若手研究、研究活動スタート支援及び奨励研究を指します（平成26年度）。
(注2) 上のグラフは、奨励研究を除く科学研究費について集計しています。平成26年度は特設分野研究も除く。
(出典)「科研費パンフレット2015」（文部科学省、独立行政法人日本学術振興会）

表 2-3 研究分野別の応募・採択等の状況（平成 27 年度）

| 分野名 | 応募件数 | 採択件数 | 採択率(%) | 配分額(千円) |
|---|---|---|---|---|
| 人文社会系 | 17,311 | 5,285 | 30.5 | 7,654,700 |
| 人文科学系 | 6,277 | 1,941 | 30.9 | 2,726,800 |
| 社会科学系 | 11,034 | 3,344 | 30.3 | 4,927,900 |
| 理工系 | 27,280 | 6,982 | 25.6 | 22,429,700 |
| 数物科学系 | 3,221 | 896 | 27.8 | 2,000,800 |
| 環境・自然災害・エネルギー科学系 | 2,805 | 702 | 25.0 | 2,623,950 |
| 地球・宇宙科学系 | 2,591 | 654 | 25.2 | 2,684,100 |
| 物質・材料科学系 | 7,791 | 1,880 | 24.1 | 7,328,700 |
| 情報・電気電子工学系 | 5,669 | 1,511 | 26.7 | 4,092,150 |
| 構造・機能工学系 | 5,203 | 1,340 | 25.8 | 3,700,000 |
| 生物系 | 45,153 | 12,165 | 26.9 | 24,920,100 |
| がん・エイズ等難治疾患関係 | 7,550 | 2,052 | 27.2 | 4,038,400 |
| 成人病・感染症・その他疾患関係 | 19,111 | 5,280 | 27.6 | 9,767,700 |
| 歯科疾患関係 | 3,698 | 1,013 | 27.4 | 1,770,300 |
| 脳・神経科学系 | 3,138 | 838 | 26.7 | 1,886,550 |
| 薬学系 | 2,101 | 552 | 26.3 | 1,096,800 |
| 生物科学系 | 9,556 | 2,431 | 25.4 | 6,360,350 |
| その他 | 3,390 | 935 | 27.6 | 1,781,200 |
| 合　計 | 93,133 | 25,366 | 27.2 | 56,785,700 |

(注1) 対象：「特別推進研究」、「基盤研究（S・A・B・C）」、「挑戦的萌芽研究」、「若手研究（A・B）」、「研究活動スタート支援」。
(注2) 基盤研究（B・C）（特設分野研究）を除く。
(備考)「平成27年度科研費の審査に係る総括」（平成27年6月、独立行政法人日本学術振興会科学研究費委員会）をもとに作成

図 2-3 「系・分野」別の新規採択件数・配分額（平成 26 年度）

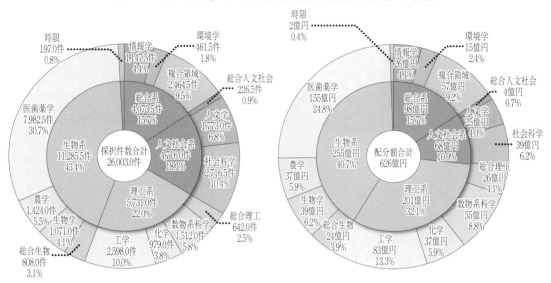

(注1) 平成26年度科学研究費のうち，「特設分野研究」及び「奨励研究」を除く研究課題（新規採択分）について分類。
(注2) 平成25年度より「若手研究（B）」で複数分野を選択できるようにしたことから当該課題については案分で集計しているため，採択件数に小数点以下の数字が生じている。
(注3) 四捨五入の関係上，合計と内訳の数値が一致しないことがある。
(出典) 「科研費パンフレット2015」（文部科学省，独立行政法人日本学術振興会）

表 2-4 科研費（補助金分・基金分）配分状況一覧（平成 27 年度 新規採択分）

平成 27 年 11 月現在

| 研究種目 | 研究課題数 | | | 配分額(千円) | 1課題当たりの配分額(千円) | |
|---|---|---|---|---|---|---|
| | 応募 | 採択 | 採択率(%) | | 平均 | 最高 |
| 科学研究費（全体） | 103,434 | 27,091 | 26.2 | 63,929,159 | 2,360 | 180,700 |
| 特別推進研究 | 106 | 14 | 13.2 | 1,435,200 | 102,514 | 180,700 |
| 新学術領域（研究領域提案型） | 6,342 | 1,016 | 16.0 | 6,793,500 | 6,687 | 136,900 |
| 基盤研究（S） | 661 | 87 | 13.2 | 3,296,100 | 37,886 | 97,600 |
| 基盤研究（A） | 2,585 | 597 | 23.1 | 6,870,900 | 11,509 | 29,200 |
| 基盤研究（B） | 11,396 | 2,638 | 23.1 | 13,078,800 | 4,958 | 13,100 |
| 基盤研究（C）*1 | 36,843 | 10,975 | 29.8 | 15,003,800 | 1,367 | 3,500 |
| 挑戦的萌芽研究*1 | 16,757 | 3,952 | 23.6 | 5,628,100 | 1,424 | 3,100 |
| 若手研究（A） | 1,736 | 389 | 22.4 | 2,839,800 | 7,300 | 17,800 |
| 若手研究（B）*1 | 19,272 | 5,771 | 29.9 | 7,620,100 | 1,320 | 3,000 |
| 研究活動スタート支援 | 3,777 | 943 | 25.0 | 1,012,900 | 1,074 | 1,500 |
| 奨励研究 | 3,959 | 709 | 17.9 | 349,959 | 494 | 800 |

(注1) *1は，基金化研究科目であるため，「配分額」欄及び「1課題当たりの配分額」欄には平成27年度の当初計画に対する配分額を計上。
(注2) 本表では，研究成果公開促進費と特別研究員奨励費を省略している。
(備考) 「平成27年度科学研究費助成事業の配分について（第2回）資料1-1」（文部科学省）をもとに作成

種目別の採択率は13%から30%の幅にある。特別推進研究と基盤研究（S）の採択率が最も低く，若手研究（B）と基盤研究（C）が比較的高い。採択件数は基盤研究（C）が1万件を超えて最も多く，特別研究推進研究が14件，基盤研究（S）が84件と少ない。

1課題当たりの配分額の規模（平均）は，特別推進研究が最も大きく，基盤研究（S），基盤研究（A）が続く。なお，最高額では，新学術領域研究が特別推進研究に次いで大きい。

それぞれの研究種目の目的・内容については，後節で述べる。

各研究種目の分野別の応募・採択等の状況は，研究種目ごとの採択率とおおむね同じであるが，平成27年度は，下表のように，若手研究（A）のみ，分野間の差異が見られた。（独）日本学術振興会（JSPS）のホームページなどでご自身が申請しようとする種目と分野の特徴を確認することも重要である。

表 2-5　各研究種目の分野別応募・採択率の状況
（平成 27 年度 新規採択分）　若手研究（A）

| 区　分 | 応募件数 | 採択件数 | 採択件数の全体比 | 採択率 |
|---|---|---|---|---|
| 情報学 | 102 | 25 | 6.4% | 24.5% |
| 環境学 | 67 | 15 | 3.9% | 22.4% |
| 複合領域 | 154 | 33 | 8.5% | 21.4% |
| 総合人文社会 | 2 | 0 | 0.0% | 0.0% |
| 人文学 | 30 | 12 | 3.1% | 40.0% |
| 社会科学 | 49 | 18 | 4.6% | 36.7% |
| 総合理工 | 146 | 29 | 7.5% | 19.9% |
| 数物系科学 | 161 | 38 | 9.8% | 23.6% |
| 化学 | 137 | 28 | 7.2% | 20.4% |
| 工学 | 333 | 67 | 17.2% | 20.1% |
| 総合生物 | 75 | 17 | 4.4% | 22.7% |
| 生物学 | 110 | 26 | 6.7% | 23.6% |
| 農学 | 135 | 30 | 7.7% | 22.2% |
| 医歯薬学 | 235 | 51 | 13.1% | 21.7% |
| 合　計 | 1,736 | 389 | 100.0% | 22.4% |

（備考）「平成27年度科研費の審査に係る総括」（平成27年6月，独立行政法人日本学術振興会科学研究費委員会）より抜粋

## 4. 研究種目の目的と資金規模

　研究種目の目的・内容，研究費の規模は，以下の図表のとおりである。前項で説明した採択率の比較分析やご自身の研究計画と合わせて，応募対象を検討いただきたい。

図 2-4

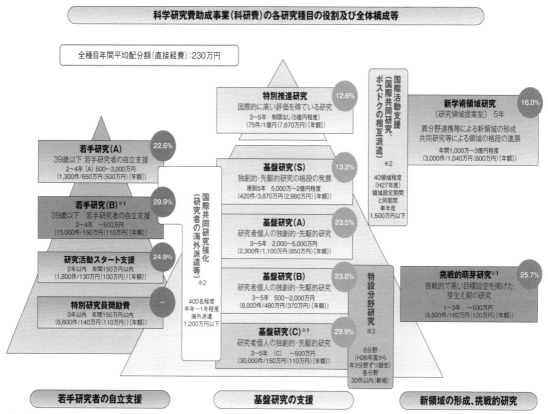

（※1）平成23年度から基金化した研究種目
（※2）「国際共同研究加速基金」として平成27年度から基金にて予算措置
（※3）「特設分野研究基金」として平成27年度から基金にて予算措置（審査は基盤研究（B），（C）の審査区分として実施し，研究期間は応募年度により応募可能な期間が異なる）
（※4）丸囲みの数字は平成26年度新規採択率（採択件数／応募件数）
（※5）各研究種目においてカッコ書き内に記載したデータは，平成26年度の採択件数（新規＋継続），平均分配額（総数及び直接経費）〔概数〕
（出典）「科研費パンフレット2015」（文部科学省，独立行政法人日本学術振興会）

### 表2-6　研究種目

※平成27年9月現在

| 研究種目等 | | 研究種目の目的・内容 |
|---|---|---|
| 科学研究費 | | |
| | 特別推進研究 | 国際的に高い評価を得ている研究であって，格段に優れた研究成果が期待される1人又は比較的少人数の研究者で行う研究（期間3～5年，1課題5億円程度を応募総額の上限の目安とするが，上限，下限とも制限は設けない） |
| | 新学術領域研究 | （研究領域提案型）<br>多様な研究者グループにより提案された，我が国の学術水準の向上・強化につながる新たな研究領域について，共同研究や研究人材の育成，設備の共用化等の取組を通じて発展させる<br>（期間5年，単年度当たりの目安1領域1,000万円～3億円程度を原則とする） |
| | 基盤研究 | （S）1人又は比較的少人数の研究者が行う独創的・先駆的な研究<br>　　　（期間 原則5年，1課題5,000万円以上2億円程度まで）<br>（A）（B）（C）1人又は複数の研究者が共同して行う独創的・先駆的な研究<br>　　　（期間3～5年）　　　　　　　　　　　　　　　　（A）2,000万円以上5,000万円以下<br>　　　（応募総額によりA・B・Cに区分）　　　　　　（B）500万円以上2,000万円以下<br>　　　　　　　　　　　　　　　　　　　　　　　　　　（C）500万円以下 |
| | 挑戦的萌芽研究 | 1人又は複数の研究者で組織する研究計画であって，独創的な発想に基づく，挑戦的で高い目標設定を掲げた芽生え期の研究（期間1～3年，1課題500万円以下） |
| | 若手研究 | （A）（B）39歳以下の研究者が1人で行う研究<br>　　　（期間2～4年，応募総額によりA・Bに区分）　（A）500万円以上3,000万円以下<br>　　　　　　　　　　　　　　　　　　　　　　　　　　（B）500万円以下 |
| | 研究活動スタート支援 | 研究機関に採用されたばかりの研究者や育児休業等から復帰する研究者等が1人で行う研究（期間2年以内，単年度当たり150万円以下） |
| | 奨励研究 | 教育・研究機関の職員，企業の職員又はこれら以外の者で科学研究を行っている者が1人で行う研究（期間1年，1課題10万円以上100万円以下） |
| 特別研究促進費 | | 緊急かつ重要な研究課題の助成 |
| 研究成果公開促進費 | | |
| | 研究成果公開発表 | 学会等による学術的価値が高い研究成果の社会への公開や国際発信の助成 |
| | 国際情報発信強化 | 学協会等の学術団体等が学術の国際交流に資するため，更なる国際情報発信の強化を行う取組への助成 |
| | 学術定期刊行物 | 学会又は複数の学会の協力体制による団体等が，学術の国際交流に資するために定期的に刊行する学術誌の助成 |
| | 学術図書 | 個人又は研究者グループ等が，学術研究の成果を公開するために刊行する学術図書の助成 |
| | データベース | 個人又は研究者グループ等が作成するデータベースで，公開利用を目的とするものの助成 |
| 特別研究員奨励費 | | 日本学術振興会特別研究員（外国人特別研究員を含む）が行う研究の助成（期間3年以内） |
| 国際共同研究加速基金 | | |
| | 国際共同研究強化 | 科研費に採択された研究者が半年から1年程度海外の大学や研究機関で行う国際共同研究（1,200万円以下） |
| | 国際活動支援班 | 新学術領域研究における国際活動への支援（領域の設定期間，単年度当たり1,500万円以下） |
| | 帰国発展研究 | 海外の日本人研究者の帰国後に予定される研究（期間3年以内，5,000万円以下） |

（出典）「平成28年度科学研究費助成事業　科研費公募要領」（独立行政法人日本学術振興会）

## 5. 公募から内定までの流れ

科研費では，基盤研究，若手研究など多くの研究種目において，前年9月上旬より公募が開始され，11月初旬に研究計画調書の受付が（独）日本学術振興会（JSPS）で行われる。大学や研究機関においては，所内の提出期限もあるので，申請の準備期間を十分確保することが重要である。

申請書の提出が終わったあと，その後，第1段審査（書面審査），2段審査（合議審査）により採否を決定した後，速やかに交付内定通知を各研究機関に送付している。大型の研究種目の場合，ヒアリング審査（合議審査）も行われる。

表2-7 「基盤研究（A・B・C）（一般）」「若手研究（A・B）」の公募から内定まで

| 9月上旬 | 11月上旬 | 12月上旬～1月中旬 | 2月中旬～3月中旬 | 4月1日 |
|---|---|---|---|---|
| 公募開始 公募要領等説明会（全国8大学） | 提出期限（研究計画調書の受付） | 第1段審査（審査委員，約5,500人） | 第2段審査（審査委員，約600人） | 研究機関に内定通知送付 |

（備考）「科研費パンフレット2015」（文部科学省，独立行政法人日本学術振興会）をもとに作成

## 6. 評定基準

では，審査の評定基準は，どのようになっているか。公募要領に紹介されている「科学研究費助成事業における審査及び評価に関する規程」（独立行政法人日本学術振興会科学研究費委員会）に，是非一度，目を通していただきたい。

本項では，採択課題数の多い基盤研究（A・B・C）及び若手研究（A・B）の第1段審査における評点基準等を例にとり，紹介する。

科研費には，基礎から応用までのあらゆる「学術研究」を格段に発展させるという目的があるため，各審査委員は，応募研究課題がこの目的に大きく寄与するかどうかを適切かつ公正に判断することが求められる。

「第1段審査」（書面審査）では，各審査委員は，応募研究課題について，研究内容，研究計画等に関する個別の「評定要素」に関する「絶対評価」（4～1の評点）を行う。

このため，申請者は，それぞれの「評定要素」においてできるだけ高い評点をとる必要がある。

| 評点区分 | 評定基準 |
|---|---|
| 4 | 優れている |
| 3 | 良好である |
| 2 | やや不十分である |
| 1 | 不十分である |

（出典）「科学研究費助成事業における審査及び評価に関する規程」（独立行政法人日本学術振興会科学研究費委員会）より抜粋

第1段審査では，以下の5つの「評定要素」を中心に評価が行われる。

(1) **研究課題の学術的重要性・妥当性**（「研究経費」，「研究目的」欄など）
  ・学術的に見て，推進すべき重要な研究課題であるか。
  ・研究構想や研究目的が具体的かつ明確に示されているか。
  ・応募額の規模に見合った研究上の意義が認められるか。
(2) **研究計画・方法の妥当性**（「研究計画・方法」，「研究経費の妥当性・必要性」欄など）
  ・研究目的を達成するため，研究計画は十分練られたものになっているか。
  ・研究計画を遂行する上で，当初計画どおりに進まないときの対応など，多方面からの検討状況は考慮されているか。
  ・研究期間は妥当なものか。
  ・経費配分は妥当なものか。
  ・研究代表者が職務として行う研究，または別に行う研究がある場合には，その研究内容との関連性及び相違点が示されているか。
  ・公募の対象としていない以下のような研究計画に該当しないか。
    ① 単に既製の研究機器の購入を目的とした研究計画
    ② 他の経費で措置されるのがふさわしい大型研究装置等の製作を目的とする研究計画
    ③ 商品・役務の開発・販売等を直接の目的とする研究計画（商品・役務の開発・販売等に係る市場動向調査を含む。）
    ④ 業として行う受託研究
(3) **研究課題の独創性及び革新性**（「研究目的」，「研究計画・方法」欄）
  ・研究対象，研究手法やもたらされる研究成果等について，独創性や革新性が認められるか。
(4) **研究課題の波及効果及び普遍性**（「研究目的」，「研究計画・方法」欄）
  ・当該研究分野もしくは関連研究分野の進展に対する大きな貢献，新しい学問分野の開拓等，学術的な波及効果が期待できるか。
  ・科学技術，産業，文化など，幅広い意味で社会に与えるインパクト・貢献が期待できるか。
(5) **研究遂行能力及び研究環境の適切性**（「研究組織」，「研究計画・方法」，「研究業績」，「これまでに受けた研究費とその成果等」，「今回の研究計画を実施するに当たっての準備状況及び研究成果を社会・国民に発信する方法」欄など）
  ・これまでに受けた研究費とその研究成果を評価し，これまでの研究業績等から見て，

研究計画に対する高い遂行能力を有していると判断できるか。
・複数の研究者で研究組織を構成する研究課題にあっては，組織全体としての研究遂行能力は充分に高いか，また各研究分担者は十分大きな役割を果たすと期待されるか。
・研究計画の遂行に必要な研究施設・設備・研究資料等，研究環境は整っているか。
・研究課題の成果を社会・国民に発信する方法等は考慮されているか。

〔総合評点〕

| 評点区分 | 評定基準 | 評点分布の目安 |
|---|---|---|
| 5 | 非常に優れた研究提案であり，最優先で採択すべき | 10% |
| 4 | 優れた研究提案であり，積極的に採択すべき | 20% |
| 3 | 優れた研究内容を含んでおり，採択してもよい | 40% |
| 2 | 採択するには研究内容等にやや不十分な点があり，採択の優先度が低い | 20% |
| 1 | 採択するには研究内容等に不十分な点があり，採択を見送ることが適当である | 10% |
| — | 利害関係があるので判定できない | — |

（出典）「科学研究費助成事業における審査及び評価に関する規程」（独立行政法人日本学術振興会科学研究費委員会）より抜粋

　最後に，審査委員は，上表の基準に基づいて，5段階評価を行い，「総合評点」を付す。その際，評点（4～1点）の絶対評価を基本としつつも，担当する研究課題全体の中で，上表の右欄の「評点分布」を目安として評点を付し，評点が偏らない評価を求められる。
　なお，「研究計画最終年度前年度の応募課題」と「研究進捗評価を受けた課題」については，別途の評定基準があるので，規程をよく読んで確認していただきたい。

## 第2節 ❖ 評定要素・評点と科研費採択のポイント

　ポイントは，「優れている」という評点が得られるように書くことである。すなわち，研究種目ごとの採択率より高く，平均的に上位20％以内を目指して，「良い評点」を取ることが重要である。単純に考えると，評定要素ごとに4点に近い評点を取る必要がある。
　また，申請書ではつい軽視しがちだが，「研究経費」・「研究経費の妥当性・必要性」の欄も，できるかぎり評点を落とさないように書きたい。

　科研費第1段階審査（書面審査）の「評定要素」を再掲すると，以下のとおりである。

（1）研究課題の学術的重要性・妥当性（「研究経費」，「研究目的」欄など）
（2）研究計画・方法の妥当性（「研究計画・方法」，「研究経費の妥当性・必要性」欄など）
（3）研究課題の独創性及び革新性（「研究目的」，「研究計画・方法」欄）
（4）研究課題の波及効果及び普遍性（「研究目的」，「研究計画・方法」欄）
（5）研究遂行能力及び研究環境の適切性（「研究組織」，「研究計画・方法」，「研究業績」，「これまでに受けた研究費とその成果等」，「今回の研究計画を実施するに当たっての準備状況及び研究成果を社会・国民に発信する方法」欄など）

「評定要素」を申請様式の項目に沿って並べてみる。

| 様式の項目 | 評定要素 |
| --- | --- |
| 研究目的 | （1）（3）（4） |
| 研究計画・方法 | （2）（3）（4）（5） |
| 研究組織 | （5） |
| 研究業績 | （5） |
| 研究経費の妥当性・必要性 | （2） |
| 研究経費 | （1） |
| これまでに受けた研究費とその成果等 | （5） |
| 今回の研究計画を実施するに当たっての準備状況及び研究成果を社会・国民に発信する方法 | （5） |

　上表の項目の中で，科学研究上，「研究目的」「研究計画・方法」は当然，重視するが，「研究経費の妥当性・必要性」，「研究経費」，「今回の研究計画を実施するに当たっての準備状況及び研究成果を社会・国民に発信する方法」については，どのように，どの程度詳しく書くべきかわからないという声もよく聞く。
　「研究経費」は，評定要素「（1）研究課題の学術的重要性・妥当性」に影響し，「研究経費

の妥当性・必要性」は，評定要素「(2) 研究計画・方法の妥当性」に影響する。

また，配点は小さいと考えられるが，「準備状況及び研究成果を社会・国民に発信する方法」は，評定要素「(5) 研究遂行能力及び研究環境の適切性」に影響するので，十分注意して丁寧に書くことが大切である。詳細は，第3章以降で紹介される申請書の事例分析を参照いただきたい。

自分の研究を先進性・独創性高く書くことにとどまらず，評点制度，審査委員の思考様式・価値観や評価のフレームワークも想像して書いていこう。

また，科研費の採択率の高い教員・研究者に，ポイントやノウハウを教えてもらえるようなメンター──メンティー関係を築くことも重要である。身近にそのような人がいれば積極的に経験を聞き，いなければ，学会などを通じて知り合いを持つことも心がけるとよい。

文部科学省・(独)日本学術振興会（JSPS）の担当者による説明会や大学内の説明会・相談会の機会も増えている。ウェブサイトや文献情報のみならず，ぜひ，Face to Face の機会も逃さないでいただきたい。

## Column

### 科研費申請のアドバイスを受けて得られたもの

順天堂大学医学部形成外科学講座准教授　田中里佳

「難治性潰瘍に対する新しい血管・組織再生治療の開発」に長年取り組んでいる。大学院を卒業し医学博士を取得した2008年に初めて科研費の「若手研究（スタートアップ）」を取得，その後「若手研究（B）」を取得後に4年間で総額1.5億円の支援が得られる内閣府の「最先端・次世代研究開発支援プログラム」の採択を経て，大学院時代に得た基礎研究の知見を臨床へとつなげることができた。2014年3月に本プログラムの支援が終了し，次につながる研究助成を取得するため苦しんでいるときに塩満先生との出会いがあった。そこで，科研費の「若手研究（A）」を獲得するために書いた申請書を見ていただくと，いかに自分よがりな申請書になっているかを気付かされた。まずはブレインストーミングと図式作成を行うことで，第三者にも本研究の学術的な重要性が伝わるストーリー構築を行い，それを文章化する作業を繰り返し行う中で質の高い申請書へと変身させることができた。申請書を書き出す前に研究の全体像とその内容のロジックが成り立っているかをよく考え図式化することが，良い申請書を書くコツであることを教わった。また，科研費の審査委員は申請分野における有識者であるため，審査委員は申請者の活躍を学会等で目にする機会は多い。その中で「この研究者，良い仕事しているな」と思ってもらえるアピールを常日頃から行っていることが採択率を高めることにつながると教わり，今もそれを信じ精力的に学会活動等も行っている。確実に科研費の採択率を高めることができる適切な努力の方法を直接に教わることができ，心から感謝している。

# 第3章 科研費（人文・社会科学系）取得における申請書作成のポイント

　科研費とは，人文科学，社会科学から自然科学までの全ての分野にわたり，基礎から応用までのあらゆる研究者の自由な発想に基づく研究を，発展させることを目的とした「競争的研究資金」である。

　科研費は，特別推進研究，新学術領域研究，基盤研究（S, A, B, C），挑戦的萌芽研究，若手研究（A，B），研究活動スタート支援，奨励研究，特別研究促進費，研究成果公開促進費，特別研究員奨励費，国際共同研究加速基金の種目によって構成されている。

　文部科学省「平成27年度科学研究費助成事業の配分（第2回）」（2016年3月31日）によると，平成27年度は，新規応募103,434件に対し，採択は新規が27,091件（平均採択率26.2％），新規＋継続分の採択が73,905件であった。また，同省「平成27年度科学研究費助成事業の配分」（2015年9月16日）によると，「特設分野」及び「奨励研究」を除く研究課題について分類した結果では，人文学の新規採択件数は1,853件（7.0％），社会科学は2,825件（10.7％）であり，総合人文社会の233件（0.9％）とあわせても人文社会科学系は全体の2割にも届いていない。

　男女別の採択率では，「平成27年度科研費の審査に係る総括」（平成27年10月6日，独立行政法人 日本学術振興会）によると，男性研究者において27.1％，女性研究者において27.0％とほとんど差はない。しかし，採択件数の男女比率では，男性が80.4％であり，女性は19.6％と大きく差が開いている。同様に，配分額でも男性研究者は86.7％，女性研究者は13.3％である。

　このことから，女性研究者の人数規模が少ないこと，応募件数が少ないことがうかがえる。

　ここでは，筆者が平成24（2012）年に獲得した基盤研究B・海外学術調査の申請書（採択・研究終了）を事例として具体的に解説する。

　本来であれば，基盤Cの採択事例も挙げて，解説すべきであるが，筆者は1998年以降は基盤Cに応募していない。すべて基盤Bおよび挑戦的萌芽のみである。したがって，手元にはまだ電子申請が行われる以前の基盤Cの申請書しかなく，書式も古いため，ここでは基盤B・一般と基盤B・海外学術調査の採択事例（いずれも研究終了，重複申請）を提示した。これらは基盤Cの申請書の作成にも十分参考になり，また，基盤Cから基盤Bへの道を考えている方々

には大変有益な書き方参考事例となる。

　なお，筆者の採択事例に沿って説明を行う際の研究計画調書は，「科研費公募要領」（独立行政法人日本学術振興会）の平成24年度版とする。また，「研究計画調書様式」とは，同要領の平成28年度版を抜粋して用いる。内容的に年度間の差は大きくないが，読者の皆様におかれては，申請の際の最新の様式を必ず確認していただきたい。

## 第 1 節 ✣ 基盤 B/ 海外学術調査採択事例による「研究課題」の包括的表現方法

　科研費の申請書を書く場合，最も重視しなければならないのは「研究課題」であり，40文字以内の言葉を的確に選択することが重要である。「研究課題」を読んだだけで，研究の創造性の高さが伝わることが重要である。

　申請者は，「研究課題」の記述においても，「研究計画」や「研究内容」の記述に関し，専門分野以外の審査員にも容易に理解できるような工夫や推敲を重ねる努力が必要である。

　「どのような課題をどのように期間内で解決する研究であるのか」ということが，「研究課題」から簡潔な論理の流れで捉えられるようにすることが肝要である。

　本書の「第1章　科研費採択のための基本と重要ポイント」でも整理したように，採択される「研究課題」には，多くの場合，以下の共通点がある。

　①「学術研究」であることが伝わる。
　② 長すぎず魅力的で引き付けられる。
　③ 学術用語が含まれ，高度な専門性・先進性が感じられる。

　以下の採択事例をご覧いただきたい。

### 1.「研究課題」の決め方

　本項で取り上げる「研究課題」は，「日韓中高齢者施設の災害時要援護者の被災後の生活再生の実質化3要素の整備と防災研究」である。

　「基盤研究（B）海外学術調査」への申請であるので，国外の地域を調査対象とするとともに，日本との比較調査も行っている。本課題では，以下の「組み立て」を行っている。

　① 対象地域：日本，韓国，中国（日韓中）の3か国
　② 課題対象：3か国に共通に設置されている高齢者施設の利用者（要介護高齢者）。
　　　　　　　3か国の比較研究である。
　③ 解決課題：高齢者施設が被災することによってそこに居住する利用者が被災者となる。
　　　　　　　その中で要介護高齢者が被災後どのようなところに避難するか，その後要介護高齢者は災害前の生活に戻ることができるか，要介護状態は従前のままであるか，あるいは進行するかという解決課題がある。
　④ 解決方法：その解決としての生活再生のためには，「生活再生の実質化を図る3要素」を考えたうえで，施設の防災対策を行うことが必要である。

　この「組み立て」により，どこで，何を，どのようにして研究するのか，課題対象，解決す

べき課題は何か，その解決策と方法は，といったことがすべて言い表されていることが理解できよう。

　研究で最初に最も深く考えを巡らすのが，この「研究課題」である。まずは，何の研究をしたいのかを自分に問い，どのような方法で，そして何を導き出すのかということを内省的に考えることが最も重要と考えられる。これは論文を執筆するときでも同様である。それを思い出して考え抜くことである。

　ただし，この採択事例の「研究課題」のように，文字の制限数 40 文字をすべて使わなくてもよい。これよりもさらに短く，的確に表現できればその方がさらに望ましいことは言うまでもない。

「研究課題」は，何をどのような方法で研究するのかを盛り込んで設定することになるが，研究のキーワードとなる用語を使うことができれば，インパクトは大きくなる。

## 第2節 ❖「研究目的（概要）」の簡潔な書き方

　この項目の様式欄では、「簡潔にまとめて記述」という注意書きが2度行われている。記述の簡潔性が強調されていることに留意したい。

　この欄の書き方は、まず、① 誰の目にも共感できるような内容であり、② 何をどこまで研究しようとしているのかが一読でわかるように記述することである。

　申請書を書くときは、研究への思い入れが強ければ強いほど、詳細にわたって書こうとするが、その必要はない。記述するスペースは限定され、拡張できない。要領良く、しかし丁寧に書くことを忘れてはならない。

　「研究目的（概要）」から、申請書の記述が始まる。これによって、研究内容が整理され、研究方法や研究成果が明確化されることになる。しかし、最初に書いた「研究目的（概要）」は完成版ではない。申請書を書き進むうちに修正することが多くなる。このことは当初から予測できることであり、申請書の一貫した整合性を確保するため、研究内容等を記述する途中で、常にこの「研究目的（概要）」を振り返りながら書き進めるのがよい。「研究目的（概要）」の記述は、研究の時系列として、また、研究全体のスタートラインとなるが、この最初のものを何度も吟味・遂行して最後に書き上げるものである。最終段階での再チェックを忘れないようにしたい。

　しかし、「研究目的（概要）」から申請書の記述が始まり、「研究課題」は、最初のページに記載されるため、審査委員はこのページを読んでいる間に、本研究の課題は何であったかを確認するには、いちいちページを戻って前ページを見なければわからない。そこで、冒頭に「研究課題」を強調文字で書いておくとわかりやすくなる。こうしておけば、審査委員は前ページを見なくても「研究課題」をとらえることができる。様式欄の注意書きにはないことであるが、このくらいの自由度や配慮はあってもよい。ただし、1行でも「研究目的（概要）」を多く書くためにスペースを割けない場合はこの限りではない。

〈研究計画調書様式〉　　　　　　　　　　　　　　　　　　　　基盤A・B（海外）－1

```
研 究 目 的
　本欄には，研究の全体構想及びその中での本研究の具体的な目的について，冒頭にその概要を簡
潔にまとめて記述した上で，適宜文献を引用しつつ記述し，特に次の点については，焦点を絞り，
具体的かつ明確に記述してください。（記述に当たっては，「科学研究費補助金（基盤研究等）にお
ける審査及び評価に関する規程」（公募要領75頁参照）を参考にしてください。）
┌─────────────────────────────────────────┐
│① 研究の学術的背景（本研究に関連する国内・国外の研究動向及び位置づけ，応募者のこれまで │
│　 の研究成果を踏まえ着想に至った経緯，これまでの研究成果を発展させる場合にはその内容等）│
│② 研究期間内に何をどこまで明らかにしようとするのか                                    │
│③ 当該分野における本研究の学術的な特色及び予想される結果と意義                        │
└─────────────────────────────────────────┘
```

（出典）「平成28年度科学研究費助成事業　科研費公募要領」（独立行政法人日本学術振興会）より抜粋。強調枠は筆者による。

　研究目的は，「簡明に要点を記述する」こと，「何をどこまでかがわかるように記述する」こと，「審査委員が共感する内容である」こと，「研究内容を細々と書かない」こと，主張は強調文字にしたり，アンダーラインを引いたりなどして，重要点をアピールする。

　また，「研究目的（概要）」のスペースは限定されている。さらに，「研究課題」を記載せよという指示もないため，通常，ここに「研究課題」は書かないことが多い。

　「研究目的（概要）」は，最初に審査委員が読むところであるので，まず，論理的で理解のフレームワークを作りやすい内容であることが重要である。また，学術用語が含まれ，高度な専門性・先進性が感じられるとともに，仮説が学術的に重要で，何をどこまで明らかにしようとしているかのビジョンが明確である必要がある。ビジュアルで重要点が見えるようにしていただきたい。

　「研究目的（概要）」のスペースは限定されている。また，「研究課題」（タイトル）を記載せよという指示もないため，通常，ここに「研究課題」は書かないことが多い。

「研究目的（概要）」の冒頭に「研究課題」を強調文字で書いておくと，審査委員にとってわかりやすい。ただし，1行でも「研究目的（概要）」を多く書くためにスペースを割けない場合はこの限りでない。

# 第3節 ❖「研究の学術的背景等」の具体的・明確な書き方

以下,「研究の学術的背景等」について,様式欄に沿って記述する。

〈採択事例〉　　　　　　　　　　　　　　　　　　　　　　　　　　基盤A・B(海外)－1

---

**研　究　目　的**
　本欄には,研究の全体構想及びその中での本研究の具体的な目的について,冒頭にその概要を簡潔にまとめて記述した上で,適宜文献を引用しつつ記述し,特に次の点については,焦点を絞り,具体的かつ明確に記述してください。(記述に当たっては,「科学研究費補助金(基盤研究等)における審査及び評価に関する規程」(公募要領62頁参照)を参考にしてください。)
① 研究の学術的背景(本研究に関連する国内・国外の研究動向及び位置づけ,応募者のこれまでの研究成果を踏まえ着想に至った経緯,これまでの研究成果を発展させる場合にはその内容等)
② 研究期間内に何をどこまで明らかにしようとするのか
③ 当該分野における本研究の学術的な特色及び予想される結果と意義

**研　究　目　的（概要）** ※ 当該研究計画の目的について,簡潔にまとめて記述してください。
日韓中の高齢者施設の災害時要援護者の被災後の生活再生の実質化3要素の整備と防災研究
　自然災害時に災害時要援護者(以後,要援護者)の救出・救護から避難・避難生活から円滑な生活復帰という生活危機管理の仕組みがなければ,真の防災・減災対策とは言えず,要援護者の安心・安全生活もない。全国の施設調査実施による要援護者支援研究の成果をもとに,東日本大震災後に要援護者の防災に関心が高まった韓国,中国の研究者らと当該国の要援護者対策の実質化を図る要援護者類型別防災計画策定への提言を目指す。そのために,要援護者・施設の防災意識,要援護者の居住形態(居宅,施設)と避難経路,避難所の在り方(福祉避難所機能),要援護者生活支援の在り方(安全避難,避難所生活,生活再生)の調査研究を韓国,中国と共同で行う。

---

(注) 強調枠は筆者による。

**① 研究の学術的背景（本研究に関連する国内・国外の研究動向及び位置づけ,応募者のこれまでの研究成果を踏まえ着想に至った経緯,これまでの研究成果を発展させる場合にはその内容等）**

　ここでは,研究の「学術的背景」を問われる。どの程度の先行研究をしているのかどうかが一目瞭然にわかることが重要である。本事例は「海外学術調査」であり,国内での研究蓄積があるかどうかが採否を左右する。国内の研究も何もなく,いきなり海外の研究をするということもあるかもしれないが,通常,これまでの研究を踏まえて,海外での調査研究を行おうということと理解される。このため,国内の研究動向をこの欄に記載するのは必須である。国内の研究動向と海外の研究動向を記載しなければならない理由は,研究は,新たな知見を得るために行うことにあるからである。

　「学術的背景」の記述においては,「内外の研究動向」,「着想に至った経緯」,「本研究の位置づけ」等をすべて書きこまねばならないが,その順番は,書き手のスタイルで構わない。国内外の研究動向を書くことによって,自己の研究の水準が明らかになることも念頭に置いておく

ほうが良い。したがって，申請者の研究がどこまで研究成果を上げてきているかを記述しなければならない。さらに，その研究過程を経て，なぜ本申請が必要かという本題を書かねばならない。

注意書きはとても親切で，ありがたい。かつては，このように本欄に記載することすべてを具体的に丁寧に説明されてはいなかった。言い換えれば，申請者にとっては，このとおりに記述すればよいともいえる。また，一方では，誰もが同じ要領で同様の内容を書くため，いかに書くか，その書き方で明暗が分かれるともいえるのである。

①，②，③と指示項目があるので，

例えば，① **本研究の学術的背景（内外の研究動向及び着想に至った経緯・本研究の位置づけ）** と強調文字で書くこともひとつのテクニックである。また，

**② 研究期間内に何をどこまで明らかにしようとするのか，分かりやすく記述する。**

研究期間は，萌芽研究を除いて最低3年以上である。「研究目的（概要）」に書いた内容と目標を達成するために「何をどこまで」ということを，年度ごとに書くことになる。

研究内容を記述するスペースは2ページあり，十分書きたいことを書けるが，文章だけでは十分説明ができないこともあるし，また審査委員に短時間に理解してもらうことができにくい場合もある。

そこで，研究内容を図示（例を参照）することも考えたい。図示は，②の部分でも，あるいは，③の部分でもどちらに挿入してもよい。研究内容と研究の特色・独創性を表すために用いるということである。

**③ 当該分野における本研究の学術的な特色及び予想される結果と意義**

ここには，申請する研究の特色を書かねばならないが，これから研究しようとする内容が，「いかに学術的な特色があるか」ということであるので，国内外の先行研究を実施し，研究の動向をいかに把握しているかということが①で記述されていることの真価として問われるのである。

①，②と同様に③ 本研究の学術的な特色・独創的な点及び予想される結果と意義も強調文字を使うなど見やすさも配慮して記述する。2ページの分量があるので，十分に研究の特色と独創性がどこにある研究であるかを意識して余すところなく記述する。

本事例では，図を③の説明に使用し，審査委員が研究の全貌をわかりやすくつかむこととした。図による説明は効果的である。

〈採択事例〉　　　　　　　　　　　　　　　　　　　　　　　　　　　　　　　基盤A・B（海外）－1

| 研　究　目　的 |
|---|
| 　本欄には，研究の全体構想及びその中での本研究の具体的な目的について，<u>冒頭にその概要を簡潔にまとめて記述した上で</u>，適宜文献を引用しつつ記述し，特に次の点については，焦点を絞り，具体的かつ明確に記述してください。（記述に当たっては，「科学研究費補助金（基盤研究等）における審査及び評価に関する規程」（公募要領62頁参照）を参考にしてください。）<br>① 研究の学術的背景（本研究に関連する国内・国外の研究動向及び位置づけ，応募者のこれまでの研究成果を踏まえ着想に至った経緯，これまでの研究成果を発展させる場合にはその内容等）<br>② 研究期間内に何をどこまで明らかにしようとするのか<br>③ 当該分野における本研究の学術的な特色及び予想される結果と意義 |
| 研　究　目　的（概要）　※ 当該研究計画の目的について，簡潔にまとめて記述してください。<br>日韓中の高齢者施設の災害時要援護者の被災後の生活再生の実質化3要素の整備と防災研究 |

**① 本研究の学術的背景（内外の研究動向及び着想に至った経緯・本研究の位置づけ）**

　われわれは，これまで3年間にわたり，要援護者の被災とその生活再生・復興に関する研究を，異分野融合型による新たな防災・減災研究として実施し，介護保険施設の立地条件別要援護者の避難判断・経路チャートを作成し，安全避難を提言してきた。その研究を基に，現在，避難所生活による健康度低下防止の施設生活支援の在り方を検討中である。

　本研究の着想に至った経緯は，2009年から要援護者の避難支援や生活支援の方法論研究の成果を活用して，急速に人口が高齢化する地方都市における災害対応・被災・災害復興・生活再建の課題を解決する研究成果を，日本同様に自然災害が多発するアジア地域に適応できるであろうという確信を得たことである。これまでの災害研究および自然災害への対応を我が国同様に推進してきている国々であり，共通に発生する風水害・地震の課題を取り上げ，① 被災と避難，② 避難生活から生活再生・復興までの「生活危機」への社会政策を進展させるための比較研究が可能であろうと考えられるからである。……（中略）

　本研究では，要援護者の被災と被災後の生活危機に着目する。「災害列島」といわれる日本が直面する課題を共有し，日韓中の要援護者の（居宅・施設）の立地条件と避難経路，避難生活をすることになる避難所・仮設住宅における医療，健康低下も課題を取り扱う日韓中での初めての共同研究である。

　韓国の研究では，災害・危機管理に関する研究（李錬 2003，2005），水害に関する優れた研究（金賢珠ら 2008）がある。韓国では，東日本大震災後，地方行政研究院が中心となり，防災に対する研究討議（2011）など研究が活発化してきている。中国の災害に関しては，佐藤武敏（1993）の中国災害史などがあり，中国においては，2008年四川大地震後の高齢者の生活に関する研究（YinYin 2009）などの研究が散見されるが，まだ災害時要援護者の被災と生活復興に関する研究論文は見当たらない。

**② <u>研究期間内に明らかにする内容</u>**

　日本における2010年の奄美大島の大豪雨災害等，2011年の東日本大震災での大規模災害，和歌山・奈良の大豪雨災害，2011年の韓国ソウル・近郊に大水害，近年の中国各地での豪雨・大洪水，さらには現在も深刻なタイの洪水などアジア諸国の自然災害の大規模化は年々被災者の生活の維持に深刻な問題を投げかけている。これらの現実を背景に，① 要援護者の避難経路，② 要援護者の避難生活，③ 避難所・仮設住宅からの生活復帰を課題として，④ 災害時医療から慢性期医療の継続性と保健福祉サービスの連携，⑤ 地域コミュニティ再生を現地調査・住民意識調査・施設調査により実態を把握する。

　被災後の生活再生，安定生活ができる復興への道筋が整備されていなければ要援護者の課題は解決しない。① 被災後の継続的医療・保健福祉サービスの連携，② 被災リスクの少ない居住拠点，③ 地域再生が，被災者（特に要援護者）の生活再生を実質化する要素であるとして，日韓中における共同研究を展開していく。

③ 本研究の学術的な特色・独創的な点及び予想される結果と意義

　本研究は，JSPS 異分野融合型研究（2009-2011）を含む①5 年間の異分野融合型の防災・減災研究の研究実績と研究成果を蓄積「災害時要援護者の被災と被災後の二重の危機を最小化する研究」および「過疎地域における要援護者のための保健福祉サービスの継続に関する研究」成果から創出された課題である。

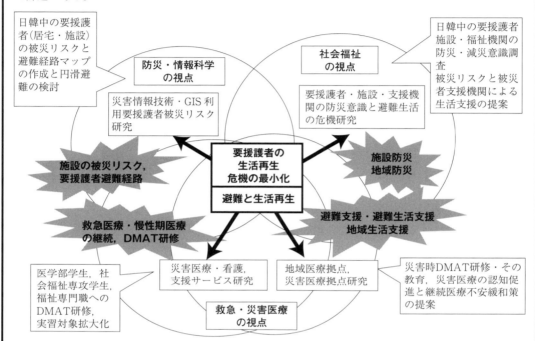

　図の視点に従って，異分野融合型・日中間の研究者集団によって海外調査研究を推進していくというところに**本研究の独創性がある**。② わが国で初めての東日本大震災前の要援護者が居住する全国の介護保険施設および全国の障害者自立支援施設の防災意識・災害時対応被災者支援に関する意識と実際の対応調査，さらに要援護者支援に大きな役割を有すると認識された全国地域包括支援センターの防災・被災者支援の意識とその実際に関する調査の実施により詳細なデータをすでに取得していることが，**既得データを根拠とした独創的な本研究に取り組む特色がある**。

▪ 研究目的・方法の書き方の重要な点 ▪ ……………………………………………………

1. 研究内容は具体的かつ詳細に記述する
2. 箇条書きにすると研究の段階が明確になり研究過程が一目瞭然になる
3. 分担研究者がいる場合（基盤 B 以上は一般的には共同研究になる）は，分担研究者が何を行うかも総合的に記述する

▪ 評価の視点から書き方のチェック：研究の学術的重要性・妥当性 ▪ ……………………

1. 学術的に見て推進すべき研究課題であるか

2. 研究構想・目的が具体的かつ明確に示されているか
3. 応募額の規模と研究の意義が一致しているか
4. 研究の独創性と研究対象・研究手法の適切性
5. 研究成果の当該研究分野への貢献度

「研究目的」の本欄は，概要欄と整合性がある必要がある。評定要素の構成から見ても，きわめて重要である。第1章では，以下のポイントを述べた。
① 世界に先駆けている。文献がある。
② 論理的で理解のフレームワークを作りやすい。
③ 学術用語が含まれ，高度な専門性・先進性が感じられる。
④ 仮説が学術的に重要で，ビジョンが明確である。
⑤ ビジュアルで重要なポイントが見える。下線で強調する，小見出しをつける，写真や図がある，キャプションや注がある，などわかりやすい内容となっている。

これらをもう一度，確認いただきたい。

いかに独創的な研究であるか，学術的な特色があるかを書くには，これまでの研究のエッセンスを強調するとともに，図表，イラスト，フローチャート，写真を上手に活用することが重要である。

# 第4節 ❖ 「研究計画・方法」の具体的・明確な書き方

以下，「研究計画・方法」の様式欄に沿って記述する。

〈研究計画調書様式〉　　　　　　　　　　　　　　　　　　　　　　基盤A・B（海外）－3

---

**研究計画・方法**

　本欄には，研究目的を達成するための具体的な研究計画・方法について，冒頭にその概要を簡潔にまとめて記述した上で，平成28年度の計画と平成29年度以降の計画に分けて，適宜文献を引用しつつ記述してください。ここでは，研究が当初計画どおりに進まない時の対応など，多方面からの検討状況について述べるとともに，次の点についても，焦点を絞り，具体的かつ明確に記述してください。

① 　調査研究実施国・地域及び旅行経路
② 　研究計画を遂行するための研究体制について，研究分担者とともに行う研究計画である場合は，研究代表者，研究分担者の具体的な役割（図表を用いる等），学術的観点からの研究組織の必要性・妥当性及び研究目的との関連性についても述べてください。
　また，研究体制の全体像を明らかにするため，連携研究者及び研究協力者（海外共同研究者，科研費への応募資格を有しない企業の研究者，その他技術者や知財専門家等の研究支援を行う者，大学院生等（氏名，員数を記入することも可））の役割についても記述してください。
　なお，研究期間の途中で異動や退職等により研究環境が大きく変わる場合は，研究実施場所の確保や研究実施方法等についても記述してください。

**研究計画・方法（概要）**　※ 研究目的を達成するための研究計画・方法について，簡潔にまとめて記述してください。

---

（出典）「平成28年度科学研究費助成事業　科研費公募要領」（独立行政法人日本学術振興会）より抜粋。強調枠は筆者による。

「研究計画・方法」の概要を記述する欄も枠が決められている。

本欄を記述する際に注意したいことは3つである。

1. 「冒頭にその概要を簡潔にまとめて記述した上で，……」と要領が示されているように，**簡潔に記述する必要がある。**

2. 次に，注意することは，**年度別の研究計画と「適宜文献を引用しつつ記述」することである。**

　その際，本事例のように，研究計画を立案するに際して引用できる文献が，いまだ十分にない場合は，それを明記し，独創的な研究の展開を述べることが重要である。

3. 最後に，**研究が当初計画どおりに進まない場合はどのように対応し，研究を進行させていくかを記述することである。**

通常は，計画した研究方法で研究期間内に研究は推移するということを前提に記述するが，何らかの社会状況，個人状況等々で研究が思い通りに進まない場合のリスクを研究に着手する前から考えておくことが要求されている。

　＊本事例においては，「…（中略）…日本側の研究組織は既に5年間の実績をもち，韓国，中国，台湾の研究者間との共同研究，○○大学との共同授業プログラムのメンバーであり，

一人の退転もなく，研究は順調に運ぶことに間違いない」と記述している。

> **書き方のポイント 4**
> 研究計画の立案やその進行に当たって必要となる理論的背景や研究成果を用いた方が効果的であれば，積極的に書き込む。

以下，様式の注意書きに沿って詳しく見ていく。

### ① 調査研究実施国・地域及び旅行経路

「海外学術調査」では，当該研究に必要となる現地調査を実施する国名，地域を記述する必要がある。この研究は比較的規模の大きい「基盤研究（B）」であるため，単独研究ではないということも一目瞭然である。分担研究者が同一研究機関，大学であれば，同一行程となるが，他地域他大学・研究機関の分担研究者がいる場合，さらに多数の分担研究者がいる場合には，日程も行程も異なる。それを明確に計画として書かなければならない。これらの記述により，本研究はよく練られた計画のもとに行われる真に必要性の高い学術調査であり，また妥当で的確な旅程であることを示す。

> ② 研究計画を遂行するための研究体制について，研究分担者とともに行う研究計画である場合は，研究代表者，研究分担者の具体的な役割（図表を用いる等），学術的観点からの研究組織の必要性・妥当性及び研究目的との関連性についても述べてください。
> また，研究体制の全体像を明らかにするため，連携研究者及び研究協力者（海外共同研究者，科研費への応募資格を有しない企業の研究者，その他技術者や知財専門家等の研究支援を行う者，大学院生等（氏名，員数を記入することも可））の役割についても記述してください。

ここでは，まず，研究を分担して行う分担研究者とその役割を，要領にもあるように図表にして表すことが望ましい。図表を用いて書くことは，研究代表者自身にとっても，果たして分担研究者の偏りはないか，研究の進行に無理はないかといったことの類推や確認につながる。図表を用いることは，審査委員のためにも，そして研究代表者自身のためにもなり，研究を堅実に進めるために効果を発揮するものである。もちろん，分担研究者それぞれが自己の研究の

みならず他の分担研究者が何を行うかを知ることにも好都合である。

研究組織を構成するのは，研究を遂行するための組織である。したがって，その組織の必然性，必要性，妥当性は懇切に他者が理解できるように書く必要がある。

海外学術調査では，国内の科研費番号を有する分担研究者のみならず，国内では，科研費番号を有さない企業や医療機関などの研究者・実務者も参加していただく場合もある。また，研究機関の専任研究者，大学の専任教員であっても，分担研究者としての資格を有さない場合も多い。

そこで，国内の研究者，実務的な研究を行う協力者を研究協力者とし，連接分野の研究を行っていて，連携して研究する意思のある研究者には，連携研究者としての同意を取り，研究の役割分担を決めることも可能である。

外国の研究者の場合は，研究協力者として，明確な役割を示し，ともに研究を協力しあって進展させていくことを記述することが肝要である。

研究組織は，要領に準拠して作表し，研究役割を明確化して記述することが大切である。また研究計画に沿った研究方法であり，分担研究者の役割は適切かを吟味する。必要と思われる個所にはアンダーラインや強調文字を用いて説明することが効果的である。

〈採択事例〉　　　　　　　　　　　　　　　　　　　　　　　　　　　　　基盤A・B（海外）－3

## 研究計画・方法

本欄には，研究目的を達成するための具体的な研究計画・方法について，<u>冒頭にその概要を簡潔にまとめて記述した上で，平成24年度の計画と平成25年度以降の計画に分けて</u>，適宜文献を引用しつつ記述してください。ここでは，研究が当初計画どおりに進まない時の対応など，多方面からの検討状況について述べるとともに，次の点についても，焦点を絞り，具体的かつ明確に記述してください。

① 調査研究実施国・地域及び旅行経路
② 研究計画を遂行するための研究体制について，研究分担者とともに行う研究計画である場合は，研究代表者，研究分担者の具体的な役割（図表を用いる等），学術的観点からの研究組織の必要性・妥当性及び研究目的との関連性についても述べてください。
　また，研究体制の全体像を明らかにするため，連携研究者及び研究協力者（海外共同研究者，科研費への応募資格を有しない企業の研究者，大学院生等（氏名，員数を記入することも可））の役割についても必要に応じて記述してください。

## 研究計画・方法（概要）　※ 研究目的を達成するための研究計画・方法について，簡潔にまとめて記述してください。

調査研究実施国は，日本，韓国および中国の都市規模，高齢化率等の要因が異なる大都市，中規模都市，地方都市を選定する。研究組織は，福祉，医療。防災・減災の3グループを編成する。要援護者の避難・避難生活・生活再建と生活支援調査を実施し，日本ではすでに同調査は終了しているため，3か国3地域の調査を比較分析し，課題を検討する。具体的には，①要援護者施設の防災と避難経路調査，避難支援の実態調査。②DMATとその整備状況，医療施設の受け入れ態勢調査，③防災行政組織の仕組みの調査を実施する。これらの調査分析データから共通性・差異性を明確化し，課題解決方法の実質化に向けた，アジア各国に適用できる「要援護者中心防災」の在り方を提言する。

## ① 調査研究実施国・地域および旅行経路

### 1) 調査研究実施国・地域

本研究の課題でもある**日本，韓国，中国**の3か国を調査研究の実施対象国とする。なお，**台湾**の研究者も研究協力者として本研究に参加する。日韓中と同様の調査は行わないが，地震・水害が多発する地域であることに鑑み，防災計画・災害対応に関する行政調査，災害医療，病院の対応に関する調査を試行する。

防災・減災のため，「地域防災計画」の実質化を図ること（河田 2006）が，本研究の有用性を左右する最大の要因であるために，調査研究を実施する国の地域の選定の根拠を明らかにする必要がある。したがって，本研究調査は，日韓中3か国の防災・減災のために地域住民に防災を意識化するための基礎資料となりうる。そこで，本研究では，いずれの国にも共通する**都市化・人口増と人口の高齢化**と**防災意識**に着目し，**大規模都市，中規模都市，小規模地方都市**の視点の必要性を立証する。特に都市災害から生き残る防災・減災（河田 2010，2008，2006，）のため，また，被災後の安心生活のためにも地域の高齢化率をとらえる視点が要求される。すなわち，医療と保健福祉サービスとその支援の確保が災害時対応を左右するからである。災害比較研究では，アメリカの災害対応との比較研究（永松 2009），都市間比較防災研究（Wisner, B. 2004），水害の国際比較研究（Khan, M. A. 2011）の成果などは，本研究に刺激を与える。

### 2) 日韓中の研究拠点は以下のとおりである。

**調査研究拠点：日本**：これまでの研究実績を踏まえ，低平地で常に水害の危険性があり，**地域防災計画が20市町のすべてで策定・検討が実施**され，国交省九州整備局により大規模浸水災害危機管理計画が裁定されている**佐賀県**とする。

**韓国**：韓国の中部に位置し，韓国第4番目の大都市ではあるが，防災意識は低く，広域農村地域を有する地域であり，防災計画は策定されていない（危機管理計画，消防計画が策定済のO市（M大学）を選定し，**中国**：政治・行政の中枢であり，大都市で防災計画が作成されているP市（G大学）をそれぞれ調査研究拠点とする。**台湾**からは共同研究への参加のみで調査研究拠点は置かず，T市と広域開発地域の調査を（F大学）により実施する。

〈採択事例〉　　　　　　　　　　　　　　　　　　　　　　　　　　　基盤A・B（海外）－4

**研究計画・方法（つづき）**

**ⅱ）研究者の構成**

　研究者の構成は以下のとおりであり，海外の研究者は研究協力者であるが，明確な役割分担を行い，研究を進行させることとする。

| 研究者A | 調査研究の統括，3か国要援護者施設，保健医療，防災調査の計画・実施（主） |
|---|---|
| 研究者B | 危機管理・消防調査計画。実施，要援護者施設調査（日本・副） |
| ｜<br>研究者H | 韓国の要援護者施設調査計画・実施（韓国・主），防災（危機管理・消防）計画および調査実施（韓国・副） |

**ⅲ）調査研究旅行経路**

　本研究では，3分野のグループを組織し，調査研究（役割図）を日韓中3か国において実施する。日本における調査研究：全国の要援護者施設調査，医療・保健福祉調査は，アンケート調査法の手法を用いるため大きな移動はない。ただし韓国，台湾からの研究者（H，I，J）は，それぞれの国・地域での主研究者であるため，日本での調査計画の段階から参加する。東日本大震災前の調査をベースとし，それを修正する形での調査を検討する。韓国（H，I），中国（K），台湾（J）からの研究者にとって，日本の防災計画や災害意識，減災意識調査の必要性と各国での調査の必要性理解のために，東北3県，過去の大規模災害地域（新潟県，鹿児島県，兵庫県等）の現地実態・面接調査（5-6名）を当初2年間の研究期間の中で実施する。

　・韓国における調査研究も同様に，要援護者施設，医療・保健福祉機関調査は，アンケート調査法の手法を中心とし，保健福祉機関にはインタビュー調査を実施する。韓国の主研究者および日本からの分担研究者（4名）がD市における調査に参加する。面接調査については，O市，S市において災害時対応，危機管理対策に関する調査を実施するため，韓国O市，日本の研究者の研究拠点地域から参集する。

　・中国における調査は，P市において行うためP市在住の老年学研究者（研究協力者，3名），D市の要援護者施設研究者（1名）および日本から3名が参集し，調査を計画し，実施は，中国の研究者とする。中国の水害に関する防災計画の先進地である上海市の当該機関における調査・資料収集をそれぞれの研究拠点（P市，D市，日本）から参集する。

（注）地名の固有名詞をアルファベット文字に置き換えている。

**▪ 研究組織の書き方の重要な点 ▪** ……………………………………………………………

1. 表を作成して氏名と具体的な役割を明記する
2. 研究代表者と分担研究者の役割分担ができているかを確認する
3. 役割分担は研究グループ化されたなかで考えられているかを確認する
4. 所期の目的が果たされ，研究成果を上げることができる組織構成になっているかを検討する

5. 分担研究費（後述）と分担役割が適切であるかどうかを，積算基礎によって確認する
6. 調査地の選定と調査旅行の行程は適切な時期に実施できるように記述されているかを検討する


〈採択事例〉　　　　　　　　　　　　　　　　　　　　　　　　　　　　基盤 A・B（海外）－5

**研究計画・方法（つづき）**
異分野融合研究の実績の強みを活かし，平成24年度の調査研究計画は以下の通りである。
(1) 日本においては，平成23年8月に実施の今後大地震と津波が危惧される17都府県自治体調査「高齢者施設の津波被害に関するアンケート」（読売新聞・研究代表者協力）の調査結果を踏まえ，**17都府県の高齢者施設の防災・減災政策調査**を実施する。既に，**全国の高齢者施設調査の防災・減災意識悉皆調査は終了している**ため，国内における東日本大震災前・後の意識・備え比較研究が可能になる。
(2) 日本におけるアンケート調査の結果を踏まえ，すでに韓国の老人福祉館を対象に，**予備調査を平成22年12月までに終了している**。韓国の最近の大水害や韓国にも大きなショックを与えた東日本大震災後の**韓国のD市における高齢者**（対象者は同様）**防災意識調査**を実施・結果を分析する。

ⅱ）**平成25年度研究計画**
(1) 平成25年度における**海外調査の中心は中国とする**。高齢者の危機管理に関する共同研究は着手しているが，要援護者の防災研究については，準備段階であり，平成24年度中に予備調査を実施する。平成25年度にB市およびD市において，**高齢者施設の防災・減災調査**を実施する。調査の実施に際しては，中国の（主および協力）研究者が，平成24年から取り組む日本における調査に参加するところから，**中国における初めての要援護者施設防災・減災調査**は期待通りの成果を上げることができる。

（注）地名の固有名詞をアルファベット文字に置き換えている。

# 第5節 ❖「準備状況・発信方法」の具体的・明確な書き方

　以下，研究計画を実施するに当たっての「準備状況」と研究成果を社会・国民に対して伝える「発信方法」の具体的かつ明確な書き方について，様式欄に沿って記述する。

〈研究計画調書様式〉　　　　　　　　　　　　　　　　　　　　　　　　　基盤A・B（海外）－6

| 今回の研究計画を実施するに当たっての準備状況及び研究成果を社会・国民に発信する方法 |
|---|
| 　本欄には，次の点について，焦点を絞り，具体的かつ明確に記述してください。<br>　① 本研究を実施するために使用する研究施設・設備・研究資料等，現在の研究環境の状況<br>　② 研究分担者がいる場合には，その者との連絡調整の状況など，研究着手に向けての状況（連携研究者及び研究協力者がいる場合についても必要に応じて記述してください。）<br>　③ 本研究の研究成果を社会・国民に発信する方法等 |
|  |

（出典）「平成28年度科学研究費助成事業　科研費公募要領」（独立行政法人日本学術振興会）より抜粋。

**① 本研究を実施するために使用する研究施設・設備・研究資料等，現在の研究環境の状況**

　本欄は，研究に着手した後，その研究が果たして所期の成果を得ることができるかどうかの判断を左右する欄である。記述は，できる限り具体的に記述した方がよいが，人文社会科学分野では，実験器具・機材といったものはないことがほとんどであるために，どのような研究内容であり，そのためには何をあらかじめ準備しておかねばならないかということを想定して書くことが大切である。

　例えば，本事例のように調査研究をするものであれば，アンケート調査票を作成するための基礎知識や参考にする文献などを有しているか，あるいはその文献を整備しておくスペースはあるか，またアンケート調査票は個人情報の宝庫であるため，安全な保管スペースが確保されているかどうかなども記載するに重要な点である。

**② 研究分担者がいる場合には，その者との連絡調整の状況など，研究着手に向けての状況（連携研究者及び研究協力者がいる場合についても必要に応じて記述してください。）**

　分担研究者および連携研究者が必要な場合は，それぞれの研究者への連絡調整の方法やそれぞれの研究者間の情報の共有なども必要であるため，研究者間の連絡網がどのようになっているかを記述することになる。

**③ 本研究の研究成果を社会・国民に発信する方法等**

　研究成果は，まずは，研究論文として，また関係学会への研究成果の発表として，国内外の研究の推進にも資することになり，学会での研究成果発表と論文の投稿は必須である。しかし，公的資金による研究であることを忘れてはならず，国民・社会への情報発信は必要である。そ

のために，研究者および市民に対する公開講演会・シンポジウムなどの開催を視野に入れておくことは重要なポイントである。さらに情報発信の方法として，研究過程での新たな情報や成果をHPの作成によって公表・発信することが求められる。これらのことを勘案して申請書には記述する必要がある。②，③の順を追って記述していくほうがよい。

〈採択事例〉　　　　　　　　　　　　　　　　　　　　　　　　　　基盤A・B（海外）－6

| 今回の研究計画を実施するに当たっての準備状況及び研究成果を社会・国民に発信する方法 |
|---|
| 本欄には，次の点について，焦点を絞り，具体的かつ明確に記述してください。<br>①　本研究を実施するために使用する研究施設・設備・研究資料等，現在の研究環境の状況<br>②　研究分担者がいる場合には，その者との連絡調整の状況など，研究着手に向けての状況（連携研究者及び研究協力者がいる場合についても必要に応じて記述してください。）<br>③　本研究の研究成果を社会・国民に発信する方法等 |
| ①　本研究を実施するために使用する研究施設は，日本では，すべての研究組織構成員が同一大学に所属しており，また韓国の研究協力者も同一大学でありそれぞれが研究室，実験室を確保している。また，本研究に必要なPC，プリンターその他の実習・実験・研究用機器の整備と必要な資料・機器等を配置するスペースも十分確保している。<br>　　新たな研究資料も必要とはなるが，これまでに収集している研究資料を利用できる体制にある。現在関連の研究を行っているために，研究組織構成員の意識と意欲は高く，直ぐにでも研究に着手できる状態にある。<br>②　異分野の研究者であっても同一学内であり面談による連絡調整は準備段階から円滑である。中国においては，P市とD市と両者は遠隔地であるが，同様に研究室，実験室を有しているため，それぞれの研究は円滑に運ぶ。またインターネット環境も整備されているところから3国間およびそれぞれのeメール等による情報交換，連絡は円滑に推移する。<br>③　本研究の成果は，これまで，多くの研究成果講演会・シンポジウムの経験があるところから，3か国における研究成果の講演会，市民も巻き込んだ公開シンポジウムを企画する。<br>　　研究成果は，3か国およびそれぞれの異分野から参加する研究者の所属する世界各国の学会での報告，学会誌への投稿を行う。また，メディアに向けた広報を行い，一般にアピールするとともに，各研究者のHPに研究成果を掲載して，広く研究成果の広報を行っていく。 |

（注）地名の固有名詞をアルファベット文字に置き換えている。

書き方のポイント6　準備状況としては，研究内容に照らして，何をあらかじめ準備しておかねばならないかということを想定した上で，例えば，その準備に必要なスペースや機器等をどのように確保するかを明確に示す。

# 第6節 ❖「重複応募，研究内容の相違点」の書き方

　以下，基盤B・一般と基盤B・海外学術調査を重複申請する場合の各研究内容の相違点をどのように記述するかについて，事例をもとに解説する。

〈研究計画調書様式〉

基盤A・B（海外）－7

**重　複　応　募**〈該当者は必ず記述してください（公募要領18頁参照）〉
　この頁及び次頁は，同一研究者が研究代表者として明らかに研究目的や研究計画・方法が異なる2つの研究課題を，①審査区分「一般」及び「海外学術調査」のそれぞれの新規の研究課題として，同一年度内にそれぞれ1件応募する場合，②審査区分「一般」の継続研究課題を有している者が，審査区分「海外学術調査」の新規の研究課題を応募する場合，に記述するものです。したがって，審査区分「一般」に応募しない又は継続研究課題を有していない場合は作成する必要がありませんので，該当しない場合は，空欄のまま提出してください。

| 審査区分「一般」の研究内容 | 研究種目の区分 | A・B・C | | |
|---|---|---|---|---|
| 研究課題 | | | | |
| 研究期間 | 平成　　年度　～　　年度 | | | |

| | 平成28年度 | 平成29年度 | 平成30年度 | 平成31年度 | 平成32年度 |
|---|---|---|---|---|---|
| 新規研究課題の場合の応募額 | 千円 | 千円 | 千円 | 千円 | 千円 |
| 継続研究課題の場合の内約額 | 千円 | 千円 | 千円 | 千円 | |

**研究組織**（研究代表者及び研究分担者）

| 氏名（年齢） | 所属研究機関・部局・職 | 現在の専門 | 学位 | 役割分担（研究実施計画に対する分担事項） | 平成28年度研究経費 |
|---|---|---|---|---|---|

**研究目的・研究概要**

（出典）「平成28年度科学研究費助成事業　科研費公募要領」（独立行政法人日本学術振興会）より抜粋。

　基盤研究（B）は，重複応募することができる。その可否については重複申請については公募要領に記載されている。
　なお，重複申請をしない場合は，基盤A・B（海外）－7ページは空欄のままでよい。

本事例では，基盤B・一般を取得し，その研究期間中に基盤B・海外学術調査申請をしている。また，重複申請する場合は，「一般」と「海外学術調査」の研究内容の明確な相違点がなければならない。したがって，「一般」の研究内容を端的に表現し，「海外学術調査」をなぜ必要とするのかについて明示しなければならない。

　しかも，同一研究代表者が「一般」と「海外学術調査」が果たして可能となるのかどうかも問われることである。研究代表者としての研究実績が問われることは言うまでもなく，また研究組織の組み立てかた，両組織間の明確な区分とマネージメント力も問われることになる。本事例のように，これまでの研究過程から，なぜ「海外学術調査」の必要性が発生したのかを審査委員が納得し，必要性を認める研究内容とまた，その書き方が重要である。重複申請の組み立てをどのように書くかがカギとなる。

基盤B「一般」と「海外学術調査」の重複応募においては，研究内容および手法の明確な相違点を書かなければならない。それらは，研究経緯，それまでの研究成果から導き出されたもので，必要不可欠の課題であるということを書き込むべきである。

〈採択事例〉

基盤A・B（海外）－7

**重 複 応 募**〈該当者は必ず記述してください（公募要領14, 15頁参照）〉

この頁及び次頁は，同一研究者が研究代表者として明らかに研究目的や研究計画・方法が異なる2つの研究課題を，① 審査区分「一般」及び「海外学術調査」のそれぞれの新規の研究課題として，同一年度内にそれぞれ1件応募する場合，② 審査区分「一般」の継続研究課題を有している者が，審査区分「海外学術調査」の新規の研究課題を応募する場合，に記述するものです。したがって，審査区分「一般」に応募しない又は継続研究課題を有していない場合は作成する必要がありませんので，該当しない場合は，空欄のまま提出してください。

| 審査区分「一般」の研究内容 | 研究種目の区分 | A・Ⓑ・C | | | |
|---|---|---|---|---|---|
| 研究課題 | 生活を重視した安全な避難方法と避難生活リハビリプログラムによる被災者生活復帰支援 | | | | |
| 研究期間 | 平成　　年度　～　　年度 | | | | |
| | 平成24年度 | 平成25年度 | 平成26年度 | 平成27年度 | 平成28年度 |
| 新規研究課題の場合の応募額 | 10462 千円 | 6793 千円 | 1665 千円 | 千円 | 千円 |
| 継続研究課題の場合の内約額 | 5600 千円 | 5600 千円 | 千円 | 千円 | |

**研究組織**（研究代表者及び研究分担者）

| 氏名（年齢） | 所属研究機関・部局・職 | 現在の専門 | 学位 | 役割分担（研究実施計画に対する分担事項） | 平成24年度研究経費 |
|---|---|---|---|---|---|
| A（―） | 佐賀大学・文化教育学部・教授 | 社会福祉学 | 博士 | 研究統括・避難と生活リハビリ・生活支援 | 5600 千円 |
| B（―） | 佐賀大学・工学系研究科・研究員 | 都市工学 | 博士 | 位置情報, GISマップと避難実験 | |

**研究目的・研究概要**

2007年から地域防災研究を社会福祉学，医学，工学，経済学の分野からの研究者により開始して以来，自然災害の被害を受けやすい災害時要援護者（特に高齢者や障害者）を対象とする被災予防・災害時支援の研究に取り組んできた。真の被災者支援は，円滑な生活再生・復帰である。それをいかに実現するかが大きな課題である。災害発生時には，要援護者およびその支援者が適切な情報を得て，適格な判断を行い早期の避難所への安全な避難が必要であるが，現実的には困難な場合が多い。早期避難は，その避難路が用意されていることによって安全な避難を実現する。また，例え避難したとしても，避難所での過ごし方次第で，健康・生活自立度を大きく低下させる。そこで，避難当初の健康度を維持する避難生活のあり方が，要援護者の命を守り，円滑な生活再生・復帰を容易にするという被災者の生活自立に着目し，早期の円滑で安全な避難経路の確保と避難のあり方を究明することを研究目的とした。そのための研究の目的は①的確な災害情報の授受と避難判断・経路プランの作成，②心身機能・自立度の低下防止のための「避難生活プログラム」の開発，③災害医療から慢性期医療への継続と保健・福祉サービスの継続性を確立することであり，その方法論として低平地であり水害が頻発する佐賀県における地域の高齢者（在宅，介護保険施設）を研究対象として，被災高齢者の生活復帰支援の研究を行うこととした。現在，施設別避難判断・経路プランを作成中であり，施設利用者の状態像別生活リハビリのデータを収集中である。本研究の採択直前に発生した東日本大震災により生起した高齢被災者の生活復帰課題は，この研究の中心課題としていることであったために，被災地の高齢者の生活実態調査を実施し，インタビュー・データを整理中である。

| 研究機関名 | | 研究代表者氏名 | |
|---|---|---|---|

（注） 実際の申請書では年齢を記載している。

まず研究課題を参照されたい。「一般」の研究課題は制限字数40文字である。『生活を重視した安全な避難方法と避難生活リハビリプログラムによる被災者生活復帰支援』というタイトルで，災害時要援護者の災害時における避難方法と避難生活とそこから類推される健康課題を当時としてはいち早くとらえて研究に着手していることに注目いただきたい。

　研究期間は3年間としており，「一般」の2年目に重複応募をしている。

　「一般」と「海外学術調査」の研究内容については，以下のように見出しを付けて書けば読みやすく，一目瞭然である。

### 審査区分「一般」と「海外学術調査」の研究内容の相違点

両者の相違点を記載する欄では，まずその理由を最初に記載する。その際，「重複応募するのは以下の理由による」などと冒頭に書く方がわかりやすい。

「同一研究者が研究代表者として審査区分『一般』と『海外学術調査』に応募する理由」の記述に当たって，事例の②のように研究代表者としての力量が問われるが，それに耐えうることの理由が必要である。

現在進行中の研究と重複申請する研究の明らかに異なる視点，異なる方法を書かねばならない。研究代表者が同一であるということは，まったく異なった研究の申請とは考えられず，したがって，進行中の研究を行っているうえで他方の研究が必要となったことを力説する。

〈採択事例〉

基盤A・B（海外）－8

重　複　応　募（つづき）

### 審査区分「一般」と「海外学術調査」の研究内容の相違点

#### 科研費・B・一般の研究内容
　平成23年度から3年の計画で「生活を重視した安全な避難方法と避難生活リハビリプログラムによる被災者生活復帰支援」の研究を実施中である。
　（上記の概要を集約した記述。）

#### 科研費・B・海外学術調査の研究内容
　平成24年度から開始しようとする「日韓中の高齢者施設の災害時要援護者の被災後の生活再生の実質化3要素の整備と防災研究」は，これまでの研究成果の発表・発信を通して，アジア地域の自然災害の大きさに比して，要援護者を守るための防災計画，防災意識が一般にも施設にも極めて低いことが予備調査と3か国の研究者による基礎的研究で捉えることができた。そこで，将来的には，自然災害が多い東アジア諸国・地域に，防災・減災に有用な災害医療，避難，避難所，仮設住宅，福祉サービス等の方法論，わけても要援護者を中心に考えた命と生活を守り存続させる方法論を提供することを視野に入れた人文系研究者の共通の思いから組織を構成した。3か国は交流が頻繁で，生活文化も共通点が多く，また保健福祉サービスにも共通の理念が求められる社会へと移行してきているところから，日韓中による研究を開始する。本研究の背景には，大学で唯一の人文・社会学系分野主導による異分野融合要援護者防災・減災研究の成果の蓄積がある。

　したがって，「一般」は，要援護者の生活再生のための支援という質的研究であり，「海外学術調査」は，要援護者の命と生活を守る防災計画の作成が可能となる基礎資料を収集するという量に重点化した研究である。

### 同一研究者が研究代表者として審査区分「一般」と「海外学術調査」に応募する理由
　「一般」は，「生活を重視した安全な避難方法と避難生活リハビリプログラムによる被災者生活復帰支援」であり，「海外学術調査」は，「日韓中の高齢者施設の災害時要援護者の被災後の生活再生の実質化3要素の整備と防災研究」との両研究に研究代表者として応募しようとするのは以下の理由による。
① 研究代表者は，要援護者研究を異分野（工学，医学，社会学，経済学）の研究者と共に研究することを提唱し，実際にその研究を開始した時（**平成19年度**）から**研究統括**を継続していること
② そのために，**研究の全貌が把握できていること**
③ 研究代表者の研究分野は，社会福祉学（高齢者福祉）であり，災害時要援護者の中でも高齢者を研究対象の中心とする分野であるために，高齢者福祉情報・文献を含め福祉研究情報を多く有していること
④ 介護保険や行政に係る審議会等の委員に任ぜられているために，行政機関との連絡が円滑であり，福祉施策の情報も得られやすく，福祉教育を通して高齢者施設との関係も緊密であること
⑤ 大学院教育では医学系研究科に属しているために，医学系研究者との交流も密であること
⑥ 工学系研究科の研究者とは，これまでにも異分野融合型研究として自然災害に関する共同研究を行ってきている実績があり，工学系研究者との交流も多く，異分野融合型の研究の連結役になることができること
⑦ 韓国，中国の老年学，社会福祉学，健康科学，医学分野の研究者との共同研究の実績があるために，両国の共同研究者を得ることができること
⑧ 本研究メンバーの中に，共同研究者となる韓国（M大学），中国（K大学，R大学）および台湾（F大学）の客員教授・併任研究員の地位にあるため，研究への取り組みが円滑であり，認知されやすいこと
⑨ 要援護者の居宅介助・介護に関する研究業績を持ち，高齢者の死に関する17年の研究蓄積もあること

# 第7節 ❖「研究業績」の書き方

　研究業績欄には，現在から順に過去5年間の研究業績を研究代表者および分担研究者すべてについて記載する。その際，申請する本研究における役割分担として挙げられている研究事項が真に遂行できるかどうかがわかるものである。研究業績には要項をよく読みその手順に従って記載することになるが，本研究とかけ離れた業績を書くことは無用である。むしろ研究遂行力を問われかねない。

〈研究計画調書様式〉　　　　　　　　　　　　　　　　　　　　　　基盤A・B（海外）－9

---

**研究業績**

　本欄には，研究代表者及び研究分担者がこれまでに発表した論文，著書，産業財産権，招待講演のうち，本研究に関連する重要なものを選定し，現在から順に発表年次を過去にさかのぼり，発表年（暦年）毎に線を引いて区別（線は移動可）し，通し番号を付して記入してください。なお，学術誌へ投稿中の論文を記入する場合は，掲載が決定しているものに限ります。

　また，必要に応じて，連携研究者の研究業績についても記入することができます。記入する場合には，二重線を引いて区別（二重線は移動可）し，現在から順に発表年次を過去にさかのぼり記入してください（発表年毎に線を引く必要はありません）。

　なお，研究業績については，主に2011年以降の業績を中心に記入してください。それ以前の業績であっても本研究に深く関わるものや今までに発表した主要な論文等（10件以内）を記入しても構いません。

① 例えば発表論文の場合，論文名，著者名，掲載誌名，査読の有無，巻，最初と最後の頁，発表年（西暦）について記入してください。

② 以上の各項目が記載されていれば，項目の順序を入れ替えても可。著者名が多数にわたる場合は，主な著者を数名記入し以下を省略（省略する場合，その員数と，掲載されている順番を○番目と記入）しても可。なお，研究代表者には二重下線，研究分担者には一重下線，連携研究者には点線の下線を付してください。

---

2015以降

---

2014

---

（出典）「平成28年度科学研究費助成事業　科研費公募要領」（独立行政法人日本学術振興会）より抜粋

### ▪ 研究業績の書き方の重要な視点

1. 研究業績によって研究遂行力や研究環境の適切性を判断されることを明記しておく
2. 過去に受けた科研費及びこれまでの研究業績等により研究課題の高い遂行力があるかどうかが判断される
3. 過去5年間の分担研究者を含む研究業績に照らして本研究が遂行可能かどうかの判断材料になる
4. 研究業績から，研究課題の遂行に必要な研究環境が整備されているか否かも推量される

# 第8節 ✥「これまでに受けた研究費とその成果等」の書き方

　ここでは，指示されているように「研究の立案に生かされているものを選定し，……」を重視しなければならない。科研費取得経験のない研究者，取得経験が少ない研究者は研究分担者も含め科研費以外の競争的資金などの獲得実績を書けばよい。この事例では，災害時要援護者にもなる「高齢者」「死」に関する獲得科研費を掲載している。「高齢者」「災害」「死」などのキーワードで獲得した科研費を列記している。

〈採択事例〉　　　　　　　　　　　　　　　　　　　　　　　　　　　　　　基盤A・B（海外）－11

| これまでに受けた研究費とその成果等 |
|---|
| 　本欄には，研究代表者及び研究分担者がこれまでに受けた研究費（科研費，所属研究機関より措置された研究費，府省・地方公共団体・研究助成法人・民間企業等からの研究費等。なお，現在受けている研究費も含む。）による研究成果等のうち，本研究の立案に生かされているものを選定し，科研費とそれ以外の研究費に分けて，次の点に留意し記述してください。<br>① それぞれの研究費毎に，研究種目名（科研費以外の研究費については資金制度名），期間（年度），研究課題名，研究代表者又は研究分担者の別，研究経費（直接経費）を記入の上，研究成果及び中間・事後評価（当該研究費の配分機関が行うものに限る。）結果を簡潔に記述してください。（平成22年度又は平成23年度の科研費の研究進捗評価結果がある場合には，基盤A・B（海外）－12「研究計画と研究進捗評価を受けた研究課題の関連性」欄に記述してください。）<br>② 科研費とそれ以外の研究費は線を引いて区別して記述してください。 |
| Ⅰ　研究成果・研究経過（科学研究費補助金）関連した研究で，研究代表者が受けた科研費 |
| ① 平成11年度科学研究費補助金・基盤C・一般，研究期間：平成11年度～12年度，「高齢期の施設における生活水準と長期ケアへの適応に関する研究」（研究代表者）（360万円）<br>　　介護保険導入前後の介護老人福祉施設における虚弱高齢者のQOLをSF-36，FIM，等3種類の調査により捉え施設高齢者の生活水準は，QOLと長期ケア適応度との相関という研究成果を得た。<br>② 平成12年度研究成果公開促進費・学術図書，期間：平成12年度，「高齢期最後の生活課題」（研究代表者・単著）（170万円）<br>　　高齢期と葬送の生前契約研究の成果出版で，高齢期の最後の課題である死をテーマに日米両国における意識調査から危機管理としての死と葬送の準備を考察した。<br>③ 平成13年度科学研究費補助金基盤B・海外，研究期間：平成13年度～14年度「終末期医療と葬送に対する意思の表明に関する国際比較研究」（研究代表者）（500万円）<br>　　①，②に関連があり，終末期医療現状と自己の危機管理としての生前契約のアジアの現状を実証的にとらえた。<br>④ 平成13年度科学研究費補助金基盤B・一般，研究期間：平成13年度～15年度「虚弱高齢者の介護環境評価基準と要介護者・介護者に関するQOLに関する研究」（研究代表者）（890万円）<br>　　①の研究成果を踏まえて，介護保険下で問題となっている介護環境と介護負担とQOLを3種の調査から「生」の重視であることが明らかになった。<br>⑤ 平成15年度科学研究費補助金基盤B・海外，研究期間：平成15年度～17年度「高齢社会にシフトしたアメリカ型生前契約がもたらす葬送の変化に関する国際比較研究」（研究代表者）（700万円）<br>　　生前契約を「維持型」と「改良型」で国外の分類を検証し，「危機管理生前契約の4類型化（アメリカ型，ヨーロッパ型，アジア型および折衷型）」を確立した。 |

⑥ 平成19年度科学研究費補助金・基盤B・一般，研究期間：平成19年度〜22年度「緩和ケアにおける「生」重視のソーシャルワーカーの支援機能に関する実証的研究」（研究代表者）（680万円）
　緩和ケア患者の「生きている生活」に目を向けその支援へのソーシャルワーカーの役割と死後への準備に関する相談へのソーシャルワーカーの可能性を指摘した。
⑦ 平成21年度科学研究費補助金・挑戦的萌芽研究，期間：平成21年度〜23年度「過疎集落の医療・保健福祉サービスと連動した効果的な災害救助・防災システムの研究」（研究代表者）（296.7万円）
　大規模災害で孤立する過疎地域の高齢者をDMATによる救助方法と福祉サービスの担い手を救助支援者にすることで，適切な救助ができることを検証中である。
⑧ 平成21年度JSPS異分野融合による方法的革新を目指した人文・社会科学研究推進事業・公募型研究領域，研究期間：平成21年度〜25年度「自然災害の被災と被災後の『二重の生活危機』を最小化する災害弱者のための地域防災研究」（研究代表者）（2088万円）
　災害時要援護者の避難経路の適切性の検証と自然災害被災者支援，pre-need, at need, after careのとらえ方と被災による家族的，経済的，社会的な課題の分類と克服・解決の方法論を構築検討中である。
⑨ 平成23年度科学研究費補助金基盤B・一般，研究期間：平成23年度〜25年度「生活を重視した安全な避難方法と避難生活リハビリプログラムによる被災者生活復帰支援」（研究代表者）（1360万円）
　災害時要援護者の避難所における生活の在り方が健康度を変化させるため，健康度の維持と円滑な生活復帰を可能にするための生活リハビリプログラムの開発を行う。

**II　科学研究費補助金以外の研究費**

⑩ 平成19年度「災害弱者の地域安全生活総合研究」（研究代表者）研究期間：平成19年度〜20年度　佐賀大学長経費（1200万円）
　佐賀県および全国の介護保険施設の防災調査および地域高齢者の防災意識調査を実施し，高齢者の自然災害被災の危機を指摘し，⑦と⑧の研究につないだ。
⑪ 平成21年度「保健福祉と防災・災害救助・復興支援に貢献できる人材の育成」（4年間）GPシーズ（研究代表者）（529万円）
　災害時の救助のための支援者育成を医学部によりDMAT研修を行い，DMATチームにソーシャルワーカーの必要性を認識させ，5名の第1号のソーシャルワーカーDMAT要員を誕生させた。

| 研究機関名 | | 研究代表者氏名 | |
|---|---|---|---|


「これまでに受けた研究費とその成果等」では，

① 科研費の取得状況を記述するのであるが，

　ⅰ．まず本研究申請の研究代表者が研究代表者として取得した資金名を先に記載する。

　ⅱ．研究代表者が分担研究者として取得した資金名を記載する。順に，分担研究内容ごとに，

　ⅲ．分担研究者が代表として取得した資金名，

　ⅳ．分担研究者が他の研究で分担研究者として獲得した資金名，

というように整理をしながら，取得年ごとに記載する。

　本事例では，紙数は1ページであるため，研究代表者が研究代表者として取得した科研費およびその他の研究費を本研究課題と関連したもののみに絞って書いている。

**書き方のポイント 11** 本研究課題についての研究遂行力が，科研費その他の研究資金獲得のキャリアによって判断されるので，本研究課題に近い研究課題・内容の科研費等の研究資金の獲得キャリアをもらさず書く。

# 第9節 ❖「人権の保護及び法令等の遵守への対応」の書き方

　近時，重視されている人権の保護，法令等の遵守について，様式に沿っていかに記述するかを解説する。

〈研究計画調書様式〉　　　　　　　　　　　　　　　　　　　　　　基盤A・B（海外）－13

---
**人権の保護及び法令等の遵守への対応**（公募要領4頁参照）

　本欄には，研究計画を遂行するに当たって，相手方の同意・協力を必要とする研究，個人情報の取り扱いの配慮を必要とする研究，生命倫理・安全対策に対する取組を必要とする研究など法令等に基づく手続が必要な研究が含まれている場合に，どのような対策と措置を講じるのか記述してください。
　例えば，個人情報を伴うアンケート調査・インタビュー調査，提供を受けた試料の使用，ヒト遺伝子解析研究，組換えDNA実験，動物実験など，研究機関内外の倫理委員会等における承認手続が必要となる調査・研究・実験などが対象となります。
　なお，該当しない場合には，その旨記述してください。

---

（出典）「平成28年度科学研究費助成事業　科研費公募要領」（独立行政法人日本学術振興会）より抜粋。

　「人権の保護及び法令等の遵守への対応」では，公募要領を参照しながら，説明書きに従って記述する。特に，当該分野，関連分野の倫理規定，研究者の所属機関の倫理規定，個人情報保護規定等に則って研究計画を進行させることを明記しなければならない。

　人文・社会科学分野では，文献調査はもとより，対象者の同意を得ることで協力が可能になるアンケート調査やインタビュー調査は，人権および尊厳を遵守することが基本的な研究者としての倫理観である。

　そして実習や実験などを行う場合の倫理規定を遵守すること，特に海外調査研究の場合は，国際機関による倫理規定を明示しておく必要がある。

　国により，大差はないが，研究計画の段階で各国の倫理規定等の正確な名称がわからない場合は，必ず，研究対象国が加盟している国際機関が設けている倫理規定を遵守するということを最低限明記する必要がある。

　その際，相手の同意，研究調査を実施しようとする相手国の機関・施設等の承諾と倫理規定遵守を明確にすることが必要であるが，それと同時に調査の段階から個人情報の保護には気を付けるということを記述しておく必要がある。

　なお，研究者は研究活動では，研究公正でなければならないため，現在は，研究調査・実験に関することのみならず，研究者自らの倫理観が重視されている。

　採択を目指して科研費を申請する場合は，研究代表者・分担研究者にかかわらず，CITIをe-learningで受講し，合格しておくことがよい。CITI Japanに加入していない大学においては，

それに準ずる各大学での研究倫理研修会などでの研修を終了していることが求められている。

本書「第1章第3節4．研究倫理とコンプライアンス遵守」（p.15）を再読されたい。

〈採択事例〉　　　　　　　　　　　　　　　　　　　　　　　　　　　基盤A・B（海外）－13

| 人権の保護及び法令等の遵守への対応（該当者は必ず記述してください（公募要領4頁参照）） |
|---|
| 　本欄には，研究計画を遂行するにあたって，相手方の同意・協力を必要とする研究，個人情報の取り扱いの配慮を必要とする研究，生命倫理・安全対策に対する取組を必要とする研究など法令等に基づく手続きが必要な研究が含まれている場合に，どのような対策と措置を講じるのか記述してください。<br>　例えば，個人情報を伴うアンケート調査・インタビュー調査，提供を受けた試料の使用，ヒト遺伝子解析研究，組換えDNA実験，動物実験など，研究機関内外の倫理委員会等における承認手続きが必要となる調査・研究・実験などが対象となります。<br>　なお，該当しない場合には，その旨記述してください。|

　本研究を行うにあたって，「ソーシャルワーカーの倫理綱領」（平成17年）の倫理基準および行動規範，倫理責任を遵守する。特に調査研究では，事前の承認・不利益防止の規定を順守し，また，国立大学法人大学教職員倫理綱領（平成20年1月9日施行）の研究者としての責務を自覚し，本研究を遂行する。なお，他国，他大学の分担研究者，研究協力者に対しても研究者としての基本姿勢は国，機関を問わず共通である。国立大学法人の大学の教員に準じて同綱領を遵守することの同意はすでに得ている。

　本研究内容において，人権の保護及び法令等の遵守への対応に特に留意しなければならないのは，①調査（面接調査，アンケート調査），②研究成果公表および③地域情報に関する事項等である。これらを実施するに際しては，日本社会福祉学会の研究倫理指針（2004年10月施行）に示されている内容を遵守して研究を進めることを前提とする。

　①調査（面接調査，アンケート調査）にあたっては，同指針第2指針内容B事例研究，C調査を遵守し，調査対象者の名誉，プライバシー等人権を侵害しないように配慮し，②成果の公表においても①と同様であり，協力機関，個人の人権の尊重，研修関するインフォームドコンセントに努める。また，③地域情報については，同指針第2指針内容，A引用，B事例研究に示されている事項を中心として遵守し，得られた情報，データは慎重に扱う事とする。

　なお，研究のために非公開の情報の提供も予想されるところから，インセンティブ情報については，個人情報保護法による守秘義務を遵守する。調査対象に関わる施設・機関等から保有資料・提供資料等の開示があった場合には，秘密情報として研究上にのみ利用しその秘密を守る。

　調査データ管理では個人情報が漏洩しないよう留意し，研究協力者に対して，情報保護，データの流用の禁止を告知し，徹底する。

書き方のポイント 12　研究対象国の倫理規定，研究対象国が加盟している国際機関が設けている倫理規定を遵守することを明記し，調査の段階から個人情報の保護を徹底していくことを記述する。

# 第10節 ❖「研究経費の妥当性・必要性」の書き方

「研究経費の妥当性・必要性」の書き方については,以下のとおりである。

〈研究計画調書様式〉　　　　　　　　　　　　　　　　　　基盤A・B（海外）－13

> **研究経費の妥当性・必要性**
> 　本欄には,「研究計画・方法」欄で述べた研究規模,研究体制等を踏まえ,次頁以降に記入する研究経費の妥当性・必要性・積算根拠について記述してください。また,研究計画のいずれかの年度において,各費目（設備備品費,旅費,人件費・謝金）が全体の研究経費の90％を超える場合及びその他の費目で,特に大きな割合を占める経費がある場合には,当該経費の必要性（内訳等）を記述してください。

（出典）「平成28年度科学研究費助成事業　科研費公募要領」（独立行政法人日本学術振興会）より抜粋。

「研究経費の妥当性・必要性」では,研究費がなぜ,どのようなことを行うから必要なのかという理由を書く。その理由は,研究目的,研究計画に沿って詳細に書かねばならない。ここで,研究費使用の適正性と研究の妥当性が明確に表現できる。

書き方のポイント 13
「研究経費の妥当性・必要性」の説明をよく読み,そのとおりに書く。申請する研究に必要な機材・機器,設備・備品,消耗品,国内旅費・海外旅費,調査やデータ収集,調査データの集計補助などを書く。
「研究経費」には,設備備品費・消耗品費,旅費等を具体的に書き,よく練られた計画であることの根拠とする。

〈採択事例〉

| 研究経費の妥当性・必要性 |
| --- |
| 　本欄には，「研究計画・方法」欄で述べた研究規模，研究体制等を踏まえ，次頁以降に記入する研究経費の妥当性・必要性・積算根拠について記述してください。また，研究計画のいずれかの年度において，各費目（設備備品費，旅費，人件費・謝金）が全体の研究経費の90％を超える場合及びその他の費目で，特に大きな割合を占める経費がある場合には，当該経費の必要性（内訳等）を記述してください。 |

　本研究に取り組むにあたり，必要最小限度の経費を計上したため，本研究の研究経費としては妥当であると思われる。
　海外学術調査」であるため研究計画に基づいて海外における調査が必須であるためそれに伴う経費を要する。3分野の7名の研究代表者・分担研究者が相互に協力し，5名の研究協力者，3名の連携研究者を得て，それぞれの研究に責任を持って行うことになるために，その連絡手段，研究打ち合わせの機会も必要となる。日本と韓国，中国におけるそれぞれの研究者が連携して調査研究を行うために，調査データの集計作業とデータ保存の一元化を図る必要がある。そのための研究補助員を雇用する経費は必要である。GISによる3マップ，避難マップも3か国の者をできる限り作成するために，現地踏査と市販の地図，閲覧料，データ処理補助員を雇用し，専用PCと専用GISソフトによってデータ解析・作図する。3か国の高齢者施設のアンケート調査及び面接調査を行うために，3か国において行う海外向け調査票の翻訳（韓国語，中国語）業務，印刷・郵送，データ交換等及び調査協力者の謝礼の経費を必要とする。国内におけるアンケート調査は印刷・郵送，データ処理補助者が必要である。面接調査には，ボイスレコーダ，デジタルカメラ，記録紙が必須であり，2カ国の国内を異動して施設と機関，病院を訪問し，また施設の構造や立地についての踏査も行い，避難所となる施設の状況調査を行う。そのために小型ビデオカメラともにたーーは最低限必要である。また，災害リスク分析等のための地理情報システムは，必須であるが，すでに上級者用は設置済みであるため，それを活用する。ただし，ソフト更新料は負担しなければならない。本研究には地域情報を入力する初級者用で十分であることは経費の縮減に資することになる。衛生からの情報入手には，その利用料が発生する代わりに，その他の経費はできる限り縮減する。研究期間中には移動を伴うところからPCおよびソフトの購入が必要であるが，GIS用以外は研究線用となる極力廉価なPCとする。調査用に購入するビデオカメラ，モニター，デジタルカメラを活用し，集計作業にかかる経費も極力効率的にできるよう心がける。研究成果の発表は，各研究者で所属する学会が異なる。それに必要な渡航費用，旅費等の経費は有効に使用する。

| 研究機関名 | | 研究代表者氏名 | |
| --- | --- | --- | --- |

　第2章で見たとおり，「研究経費の妥当性・必要性」は，「評定要素」の「(2) 研究計画・方法の妥当性」に関係し，「研究経費」は，「(1) 研究課題の学術的重要性・妥当性」に影響する重要項目である。採択事例を参考にして，該当欄の書き方のポイントを十分理解いただきたい。

〈採択事例〉　　　　　　　　　　　　　　　　　　　　　　　　　　　　基盤Ａ・Ｂ（海外）－１４
　　　　　　　　　　　　　　　　　　　　　　　　　　　　　　　　　　　　（金額単位：千円）

| 設備備品費の明細 | | | 消耗品費の明細 | |
|---|---|---|---|---|
| 記入に当たっては，基盤研究（Ａ・Ｂ）（海外）研究計画調書作成・記入要領を参照してください。 | | | 記入に当たっては，基盤研究（Ａ・Ｂ）（海外）研究計画調書作成・記入要領を参照してください。 | |
| 年度 | 品名・仕様（数量×単価）（設置機関） | 金　額 | 品　　名 | 金　額 |
| 24 | 住宅地図・地図データ | 280 | PPC用紙（A4，A3） | 60 |
|  | リーチングエクササイザー（SOT-700）150 × 5 | 750 | 文具（ファイル，CD-RW） | 20 |
|  | アイソフォース GT300（200 × 1） | 200 | USB フラッシュメモリー | 30 |
|  | Photo Modeler Pro 6 Full Licenses（3D写真測量ソフト） | 189 | プリンター用インクジェット・カートリッジ | 200 |
|  | PC:VPCZ21AJ 179 × 3 | 537 | 評価シート　0.1 × 500 | 50 |
|  | PC:VPCCA3AJ　80.8 × 3 | 242.4 | 雑誌（防災白書等統計資料） | 50 |
|  | ビデオカメラ　HDR-CX560V 89.8 × 3 | 269.4 | 防災科学雑誌 | 100 |
|  | デジタル一眼カメラ"α"Aマウント 94.8 × 3 | 284.4 | リハビリ関係雑誌 | 50 |
|  | デジタル録画双眼鏡 DEV-3　128 × 3 | 384 | 社会福祉関係雑誌 | 80 |
|  | ステレオICレコーダー ICD-UX523 28 × 3 | 84 |  |  |
|  | ポータブルラジオレコーダー ICZ-R50 18 × 3 | 54 |  |  |
|  | 計 | 3274.2 | 計 | 640 |
| 25 |  |  |  |  |

〈採択事例〉　　　　　　　　　　　　　　　　　　　　　　　　　　　基盤A・B（海外）－15

（金額単位：千円）

| 年度 | 国内旅費 事項 | 金額 | 外国旅費 事項 | 金額 | 人件費・謝金 事項 | 金額 | その他 事項 | 金額 |
|---|---|---|---|---|---|---|---|---|
| 24 | 被災地調査（I・M・$F_1$）（5名×200） | 1000 | 研究協力者招聘（D市・韓国）（1名×3回×150） | 450 | 講演者謝金（3名×50） | 150 | 調査票印刷（3000部×0.2） | 600 |
|  | 面接調査（S,研究者・協力者・連携研究者）（12名×5） | 60 | 研究協力者招聘（P市・中国）（1名×3回×200） | 600 | 招聘者謝金（3名×30） | 90 | 調査票郵送料（120×2回×1000） | 240 |
|  | 学会発表・T（8名×100） | 800 | 韓国調査（6名×2回×150） | 1800 | 専門的知識の提供者（災害科学等）（4名×50） | 200 | 外国郵送料（調査票資料他）（10回×5） | 50 |
|  | 学会発表・O（5名×60） | 300 | 中国調査（6名×2回×200） | 2400 | 調査協力謝金（韓国・中国）（5名×50） | 250 | 学会資料印刷（5回×50） | 250 |
|  | 学会発表・$F_2$（3名×10） | 30 | 学会発表(USA)（3名×300） | 900 | 調査データ集計補助（8名×100） | 800 | 学会参加費・国内（16名×10） | 160 |
|  | 講演会講師（3名×100） | 300 | 学会（中国）（3名×200），学会発表・韓国（3名×150） | 600 450 | 翻訳料（2か国語）（4名×100） | 400 | 学会参加費。国外（9名×30）講演会資料印刷（100部×3回×1.5） | 270 450 |
|  | 計 | 2490 | 計 | 7200 | 計 | 1890 | 計 | 2020 |
| 25 |  |  |  |  |  |  |  |  |

| 研究機関名 |  | 研究代表者氏名 |  |
|---|---|---|---|

（注）地名の固有名詞は，アルファベット文字に置き換えている。

# 第11節 ❖「研究費の応募・受入等の状況・エフォート」の書き方

　下記の事例を参考にしていただきたい。重複応募する理由として，両研究が必要であり，しかもひとつの研究では実施できない明確な相違があることを記載することが重要である。

〈採択事例〉

研究代表者のみ作成・添付

基盤A・B（海外）－16

| 研究費の応募・受入等の状況・エフォート |||||||
|---|---|---|---|---|---|
| 本欄は，第2段審査（合議審査）において，「研究資金の不合理な重複や過度の集中にならず，研究課題が十分に遂行し得るかどうか」を判断する際に参照するところですので，本人が受け入れ自ら使用する研究費を正しく記載していただく必要があります。本応募課題の研究代表者の応募時点における，(1)応募中の研究費，(2)受入予定の研究費，(3)その他の活動，について，次の点に留意し記入してください。なお，複数の研究費を記入する場合は，線を引いて区別して記入してください。具体的な記載方法等については，研究計画調書作成・記入要領を確認してください。<br>①　「エフォート」欄には，年間の全仕事時間を100%とした場合，そのうち当該研究の実施等に必要となる時間の配分率（%）を記入してください。<br>②　「応募中の研究費」欄の先頭には，本応募研究課題を記入してください。<br>③　科研費の「新学術領域研究（研究領域提案型）」又は「特定領域研究」にあっては，「計画研究」，「公募研究」の別を記入してください。<br>④　所属研究機関内で競争的に配分される研究費についても記入してください。 ||||||
| (1) 応募中の研究費 ||||||
| 資金制度・研究費名<br>(研究期間・配分機関等名) | 研究課題名<br>(研究代表者氏名) | 役割<br>(代表・分担の別) | 平成28年度の研究経費<br>(期間全体の額)<br>(千円) | エフォート（%） | 研究内容の相違点及び他の研究費に加えて本応募研究課題に応募する理由<br>(科研費の研究代表者の場合は，研究期間全体の受入額を記入すること) |
| 【本応募研究課題】<br>基盤研究(B)<br>(海外学術調査)<br>(H28～H　) | 日韓中の高齢者施設の災害時要援護者の被災後の生活再生の実質化3要素の整備と防災研究 | 代表 | (13600) | 10 | これまでの研究成果の発表・発信を通して，アジア地域の自然災害の大きさに比して，要援護者を守るための防災計画，防災意識が一般にも施設にも極めて低いことが予備調査と3か国の研究者による基礎的研究で捉えることができた。<br>基盤・B一般は，要援護者の生活再生のための支援という質的研究であり，B海外は，要援護者の命と生活を守る防災計画の作成が可能となる基礎資料を収集するという量に重点化した研究であるというところに研究の明確な相違点がある。 |
| 研究機関名 ||||研究代表者氏名 ||

〈採択事例〉

研究代表者のみ作成・添付

基盤A・B（海外）－17

| 研究費の応募・受入等の状況・エフォート（つづき） ||||||
|---|---|---|---|---|---|
| (2) 受入予定の研究費 ||||||
| 資金制度・研究費名<br>(研究期間・配分機関等名) | 研究課題名<br>(研究代表者氏名) | 役割<br>(代表・分担の別) | 平成28年度の研究経費<br>(期間全体の額)<br>(千円) | エフォート<br>(％) | 研究内容の相違点及び他の研究費に加えて本応募研究課題に応募する理由<br>(科研費の研究代表者の場合は，研究期間全体の受入額を記入すること) |
| 基盤研究（B）（一般）<br>(H23～H25) | 生活を重視した安全な避難方法と避難生活リハビリ・プログラムによる被災者生活復帰支援 | 代表 | 5,100 | 15 | 災害時要援護者の安全で早期の避難と避難生活からの円滑な生活復帰に備えるための避難生活プログラム，生活復帰支援の研究は必須である。<br>これまでの研究は防災と被災から避難所に至るまでの研究であるが本申請研究は，避難所生活を基点として避難の時期・方法の適切性とそのあり方を検討し，避難生活後の生活復帰を検討する研究である。 |
| (3) その他の活動<br>上記の応募中及び受入予定の研究費による研究活動以外の職務として行う研究活動や教育活動等のエフォートを記入してください。 |||||  |
| 合　計<br>（上記(1)，(2)，(3)のエフォートの合計） |||| 100<br>(％) | |
| 研究機関名 |  |  | 研究代表者氏名 |||

①「エフォート」欄には，年間の全仕事時間を100％とした場合，そのうち当該研究の実施等に必要となる時間の配分率（％）を記入してください。
②「応募中の研究費」欄の先頭には，本応募研究課題を記入してください。
③科研費の「新学術領域研究（研究領域提案型）」又は「特定領域研究」にあっては，「計画研究」，「公募研究」の別を記入してください。
④所属研究機関内で競争的に配分される研究費についても記入してください。

　エフォートについては，注意書きに示されているように年間の全仕事を100％とし，大学の教員であれば，教育に費やす仕事量と研究に取り組む仕事量を勘案しながら，申請する研究にどのくらいの時間を傾注するかを書かなければならない。
　他は，示された項目どおりに順に記載していくことが必要であるが，分けても重複申請する場合は，「研究内容の相違点及び他の研究費に加えて本応募研究課題に応募する理由」が明らかにわかるように記述する必要がある。

**書き方のポイント 14** エフォートの記述では，年間の全仕事を100%とし，大学の教員であれば，教育と研究の仕事量のバランスに留意して記載する。

## 書き方のチェックリスト

〈ポイント1〉 「研究課題」は，何をどのような方法で研究するのかを盛り込んで設定することになるが，研究のキーワードとなる用語を使うことができれば，インパクトは大きくなる。

〈ポイント2〉 「研究目的（概要）」の冒頭に「研究課題」を強調文字で書いておくと，審査委員にとってわかりやすい。ただし，1行でも「研究目的（概要）」を多く書くためにスペースを割けない場合はこの限りでない。

〈ポイント3〉 いかに独創的な研究であるか，学術的な特色があるかを書くには，これまでの研究のエッセンスを強調するとともに，図表，イラスト，フローチャート，写真を上手に活用することが重要である。

〈ポイント4〉 研究計画の立案やその進行に当たって必要となる理論的背景や研究成果を用いた方が効果的であれば，積極的に書き込む。

〈ポイント5〉 研究組織は，要領に準拠して作表し，研究役割を明確化して記述することが大切である。また研究計画に沿った研究方法であり，分担研究者の役割は適切かを吟味する。必要と思われる個所にはアンダーラインや強調文字を用いて説明することが効果的である。

〈ポイント6〉 準備状況としては，研究内容に照らして，何をあらかじめ準備しておかねばならないかということを想定した上で，例えば，その準備に必要なスペースや機器等をどのように確保するかを明確に示す。

〈ポイント7〉 基盤B「一般」と「海外学術調査」の重複応募においては，研究内容および手法の明確な相違点を書かなければならない。それらは，研究経緯，それまでの研究成果から導き出されたもので，必要不可欠の課題であるということを書き込むべきである。

〈ポイント8〉 両者の相違点を記載する欄では，まずその理由を最初に記載する。その際，「重複応募するのは以下の理由による」などと冒頭に書く方がわかりやすい。

〈ポイント9〉 「同一研究者が研究代表者として審査区分『一般』と『海外学術調査』に応募する理由」の記述に当たって，事例の②のように研究代表者としての力量が問われるが，それに耐えうることの理由が必要である。

〈ポイント10〉 現在進行中の研究と重複申請する研究の明らかに異なる視点，異なる方法を書かねばならない。研究代表者が同一であるということは，まったく異なった研究の申請とは考えられず，したがって，進行中の研究を行っているうえで他方の研究が必要となったことを力説する。

〈ポイント11〉 本研究課題についての研究遂行力が，科研費その他の研究資金獲得のキャリアによって判断されるので，本研究課題に近い研究課題・内容の科研費等の研究資金の獲得キャリアをもらさず書く。

〈ポイント12〉 研究対象国の倫理規定，研究対象国が加盟している国際機関が設けている倫理規定を遵守することを明記し，調査の段階から個人情報の保護を徹底していくことを記述する。

〈ポイント13〉 「研究経費の妥当性・必要性」の説明をよく読み，そのとおりに書く。申請する研究に必要な機材・機器，設備・備品，消耗品，国内旅費・海外旅費，調査やデータ収集，調査データの集計補助などを書く。
「研究経費」には，設備備品費・消耗品費，旅費等を具体的に書き，よく練られた計画であることの根拠とする。

〈ポイント14〉 エフォートの記述では，年間の全仕事を100％とし，大学の教員であれば，教育と研究の仕事量のバランスに留意して記載する。

# 不採択申請書の実例分析から採択への道へ

## 第1節 ❖ 研究種目と応募分野の選び方

　近年の人文社会科学分野の科研費の傾向は，自然科学分野もそうであるように社会課題に基づく研究申請が増加してきている。特に基礎的研究ではその研究成果が社会にどのように活かされるかという社会への研究による貢献が求められ，波及効果も社会的な部面が強調されるようになってきた。

　若手であれ，中堅であれ，科研費にこれまで応募したことがない研究者が，初めて科研費の申請を行おうとする場合は，種目からすれば「基盤研究（C）一般」が妥当である。「基盤研究（A）一般」は大型，「基盤研究（B）一般」も中型で，初めての方にはなかなか困難で，「挑戦的萌芽」についても，研究キャリアが問われるからである。

　応募にあたって第一に行うことは，自分の研究資金応募の動機と申請しようとする内容に適した応募分野を調べてみることである。応募分野は，研究種目名（基盤研究（C）一般）・分科（社会学）・細目（4002 社会福祉学）といったように適切な応募分野を選定すればよい。

　以下では，① 採択された「挑戦的萌芽研究」と ② 不採択の「挑戦的萌芽研究」，および ③ 初めて科研費基盤研究（C）一般に応募申請したが，採択されなかったケース〈基盤研究（C）一般〉を事例に取り上げることによって，科研費初心者の陥りやすい「罠」，何度も挑戦して取得できないのはなぜかといったことを指摘し再チャレンジのための書き方を検討する。

　ここで不採択となった申請書から見えてくるのは，応募に際して採択のためどのような傾向分析と対策があったか，なかったかということが，誰の目にも明らかだということである。申請するからには採択されることを前提に申請書を書くということに尽きるが，それには採択されるための工夫，いわゆる傾向分析と対策も必要なのである。

## 第 2 節 ✣ 大切な審査結果の通知分析

　科研費を申請した研究者は，新年度となる 4 月 1 日に，科研費の採否の通知を待つ。採択されれば新たな覚悟で当該年度の科研費交付申請書を書くことになり，研究への意欲がいや増す。
　例えば，平成 28 年度科学研究費助成事業の審査結果は，応募要項開示と同様に，電子申請システムを利用して電子的に開示される。なお，審査結果等の開示は，審査の結果，採択されなかった研究課題・審査に付されなかった研究課題について，申請時に開示希望をした研究代表者に対して行われる。
　平成 28 年度の場合は，4 月 22 日より 11 月 25 日までが開示の期間である。その間であれば，研究代表者はログインして，いつでも閲覧できる。
　科研費を応募した細目分野ごとの採択率は，審査結果に明示されている。おおむね 20 数％から 30％程度の採択率であるため，おおよそ 3 分の 2 は不採択である。
　「平成 27 年度科研費の審査にかかる総括」（平成 27 年 10 月 6 日独立行政法人科学研究費委員会）によると，「基盤研究」全体での新規応募件数は 51,485 件（平成 26 年度 49,394 件）で，前年度と比べ応募件数は増加し，採択件数も 14,297 件（同 13,799 件）と増えている。ただし，平均採択率は 27.8％であり，平成 26 年度は 27.9％とほぼ同様である。「基盤研究（C）」の採択率も平成 26 年度の 29.9％とほぼ同率の 29.8％であった。このように不採択が約 7 割であるという現実を踏まえておきたい。
　また，同総括によると，平成 27 年度の挑戦的萌芽研究では，応募件数は 16,757 件（平成 26 年度 15,366 件），採択件数は 3,952 件（同 3,950 件）で，前年度より応募数は 1,391 件増加したが，採択件数はほぼ前年同様であった。したがって，採択率は平成 26 年度の 25.7％から 23.6％へと若干低下した。
　「チャレンジングな研究を支援する」というのが挑戦的萌芽研究であることから，研究の積み重ねから見えてくる「ひらめき」を大切にし，それを研究として具現化して，新たな分野の創造を目指すことが期待されていると思えばさらに意欲的に挑戦できるだろう。
　申請した研究計画が不採択になったからといって研究を中止することはほとんど考えられないため，不採択の原因と次の申請・採択への書き方の対策を練るために，審査結果は「開示希望」を選択しておく方がよいだろう。
　不採択となった場合，研究者の落胆は大きく，研究の前途が閉ざされたような気になることもある。しかし，落ち込んでいる暇はない。審査結果の公表日は，次の科研費申請に向けてのリスタートの日でもあるのだ。
　不採択であった場合での「審査結果の開示」を希望した研究代表者は，科研費電子システム

からログインし，指示に従って，審査結果開示を閲覧する。これが次の申請書を書く第一歩である。

応募細目において採択されなかった研究課題全体の中でのおおよその順位が「A」「B」「C」の3段階で記載されている。不採択者にとって，審査結果は非情に思えるかもしれないが，まずは，申請した科研費申請の目的・方法・内容のどこが不採択になった要因かを確かめ，その結果を謙虚に受け止めたい。

ここに示す不採択3事例は，1事例の研究種目が「挑戦的萌芽」，2事例の研究種目が「基盤（C）一般」であり，いずれも細目が同一である。「挑戦的萌芽」は「A」評価，「基盤（C）一般」の2事例は「C」と「B」評価であった。不採択「A」「B」「C」3事例のそれぞれ異なる評価書は，今後申請する者にとって非常に参考になるであろう。

ここでは，採択申請書1事例，不採択となった1事例を見ることで，申請書の書き方によって，なぜ採択・不採択となるのかを考え，申請書をどのように作成すれば良いかを検討してみたい。もとより，採択されるには申請書の書き方だけではなく，研究内容が優れた本質を有していることが重要である。しかし，いかに研究内容が優れていても，書き方がまずいために不採択となることもある。

以下，順に，挑戦的萌芽研究の申請2事例（採択申請書，不採択A評価）の書き方及び評価書，科研費基盤（C）の申請2事例（不採択B評価，C評価）の評価書（「審査委員の数」について，現実のものを一部変更している）を提示し，どのようなところに注意して申請書を作成するかを考えていきたい。

## 第3節 ❖ 事例研究（挑戦的萌芽研究と基盤研究C）

　筆者が最後に基盤研究Cが採択されたのは1998年であり，その後はすべて基盤Bおよび挑戦的萌芽研究である。ここでは本来基盤Cの事例の申請書も掲載すべきであるが，筆者は，1998年以降の電子申請が行われた後の同申請書を手元に有していないため，資金規模が同様であり，新規性を重視される挑戦的萌芽研究が参考になると考え，あえて事例としてとりあげた。

### 1．採択申請書（「挑戦的萌芽研究」）の分析
　〈事例1〉　採択申請書のチエック
　まず，採択された申請書を基にどのように研究課題に対して所定の項目につき書いていけばよいのかを見てみよう。そのあとに，不採択となった事例を取り上げ，その問題点を見ながら，採択に向けた書き方を考察しよう。
　採択された申請書の研究課題は，「過疎集落の医療・保健福祉サービスと連動した効果的な災害救助・防災システムの研究」である。
　研究内容は，研究課題を見ればおおよその見当はつく。大規模災害で孤立する危険性のある過疎地域に居住する高齢者が日常的に利用している医療・保健福祉サービスの担い手は，居住者がどのような健康状態で，どこに居住しているかを把握している。したがって大規模災害時には，それらの情報と担い手を救助・支援者にすることで，適切な支援ができるというこれまでにない方法論を構築しようとする研究であるということが理解できる。
　研究課題は40文字（公募要領，研究計画調書等作成，記入要領）という制約の中で，研究内容・方法を表現できることが望ましいが，あまり饒舌になっても効果は半減する。研究課題は，中心課題を基にできるだけ誰にもわかる長さのインパクトのある表現にしたい。

## (1) 研究目的の書き方

〈研究計画調書様式〉                                                       挑戦的萌芽－1

| 研　究　目　的 |
| --- |
| 　本欄には，研究の全体構想及びその中での本研究の具体的な目的について，冒頭にその概要を簡潔にまとめて記述した上で，適宜文献を引用しつつ記述し，特に次の点については，焦点を絞り，具体的かつ明確に記述してください（記述に当たっては，「科学研究費助成事業における審査及び評価に関する規程」（公募要領 75 頁参照）を参考にしてください。）。<br>① 研究の学術的背景（本研究に関連する国内・国外の研究動向及び位置づけ，応募者のこれまでの研究成果を踏まえ着想に至った経緯，これまでの研究成果を発展させる場合にはその内容等）<br>② 研究期間内に何をどこまで明らかにしようとするのか<br>③ 当該分野における本研究の学術的な特色及び予想される結果と意義 |
| 研　究　目　的　（概要）　※ 当該研究計画の目的について，簡潔にまとめて記述してください。 |
|  |

（出典）「平成 28 年度科学研究費助成事業　科学研究費公募要領」より抜粋

　「基盤 B」でも指摘したように研究課題は，40 字の制限があることは，「基盤 C」でも「基盤 A・B」でも，また挑戦的萌芽研究でも同様である。本来，研究課題は，あまり長すぎない方がよいとされている。だが，自然科学分野と人文・社会科学分野とでは異なることもある。この〈事例 1〉もそうであるが，人文・社会科学系では，何をどのようにしてどこまで研究を行うかということを書くにはどうしても長くなることもあり，上記の課題はまさにそうである。

　言いたいことを書くということも大切である。研究課題が「画像・映像」として浮かび上がるかどうかということを念頭に書くことは効果的であるといえよう。筆者は，光景が浮かび上がれば，それを研究課題として決定しようという思いで申請書を書いてきた。これもまた一つの方法である。

## (2) 研究目的（概要）の書き方

### ① 研究目的（概要）欄

　「挑戦的萌芽」は，「挑戦的」と「萌芽」の二重の研究的要素をもって書かなければならない。専門用語の中には審査委員にとっても，また一般的にも，発想も使用される用語もその他の分野では耳慣れないものもある。したがって，初めての人でも理解できるように専門用語を使いながら，しかし平易な文章で丁寧に書くことが肝要である。

「① 研究の学術的背景（本研究に関連する国内・国外の研究動向及び位置づけ，応募者のこれまでの研究成果を踏まえ着想に至った経緯，これまでの研究成果を発展させる場合にはその内容等）
② 研究期間内に何をどこまで明らかにしようとするのか
③ 当該分野における本研究の学術的な特色及び予想される結果と意義」

上記の①，②，③は，「挑戦的萌芽研究」では，漏らさず書かねばならないのは当然である。まず，①では，国内外の研究的背景すなわち研究の動向を書くことが問われている。また，研究成果を踏まえて申請する研究課題の着想を得た経緯を書くこともここでは求められている。これは，思い付きの研究ではなく，当該分野の基礎的研究を行ってきて初めて発想する課題であるということが萌芽研究の前提となっているからである。

本研究課題を見ると，当時としては防災を考える視野にはなかった用語ばかりでの表現である。「過疎集落」「医療・保健福祉サービスと連動した」「効果的な」「災害救助・防災システム」という言葉から，「過疎集落に暮らす人々は高齢者が多い」ということが見えてくるし，高齢者（災害時要援護者）に対する災害救助と防災対策の課題を「医療・保健福祉サービス」を利用することによって解決の一助にしようという発想も理解できよう。

今でこそ，災害時要援護者対策にとって，大きな課題として医療・保健福祉サービスの継続的な支援が顕在化してきているし，実際の支援活動も行われるようになってきた。しかし，この発想は，平成 21 年当時までは聞きなれないものであった。人文・社会科学分野でも災害に関する研究をこのように取り組むこともできるのである。

〈採択事例〉

挑戦的萌芽－1

| 研 究 目 的 |
|---|
| 本欄には，研究の全体構想及びその中での本研究の具体的な目的について，冒頭にその概要を簡潔にまとめて記述した上で，適宜文献を引用しつつ記述し，特に次の点については，焦点を絞り，具体的かつ明確に記述してください（記述に当たっては，「科学研究費助成事業における審査及び評価に関する規程」（公募要領 75 頁参照）を参考にしてください。）。<br>① 研究の学術的背景（本研究に関連する国内・国外の研究動向及び位置づけ，応募者のこれまでの研究成果を踏まえ着想に至った経緯，これまでの研究成果を発展させる場合にはその内容等）<br>② 研究期間内に何をどこまで明らかにしようとするのか<br>③ 当該分野における本研究の学術的な特色及び予想される結果と意義 |
| 研 究 目 的（概要）　※ 当該研究計画の目的について，簡潔にまとめて記述してください。 |
| 本研究の目的<br>過疎集落の高齢者への医療・保健福祉サービスをアウトリーチ型で行い，自立生活を図り，その担い手である福祉専門職（ソーシャルワーカー等）が，災害時には緊急援助の一員であれば，被災者のニーズに最適の被災者中心の災害救助となり，日常の防災意識も喚起できるため，医療・保健福祉サービス，災害救助，防災を効果的に連動させるシステム作りを本研究の目的とする。 |

> 書き方のポイント1　「挑戦的」と「萌芽」の二重の研究的要素があることを踏まえて書かなければならない。誰にもその研究的発想がわかるように，専門用語を使いながら，しかし平易な文章で丁寧に書くことが必要である。

〈採択事例〉　　　　　　　　　　　　　　　　　　　　　　　　　　　　　　挑戦的萌芽－1

| 研　究　目　的 |
|---|
| 　本欄には，研究の全体構想及びその中での本研究の具体的な目的について，冒頭にその概要を簡潔にまとめて記述した上で，適宜文献を引用しつつ記述し，特に次の点については，焦点を絞り，具体的かつ明確に記述してください（記述に当たっては，「科学研究費助成事業における審査及び評価に関する規程」（公募要領75頁参照）を参考にしてください。）。<br>　①　研究の学術的背景（本研究に関連する国内・国外の研究動向及び位置づけ，応募者のこれまでの研究成果を踏まえ着想に至った経緯，これまでの研究成果を発展させる場合にはその内容等）<br>　②　研究期間内に何をどこまで明らかにしようとするのか<br>　③　当該分野における本研究の学術的な特色及び予想される結果と意義 |
| 本研究の目的 |

**本研究の学術的背景**
　過疎集落の高齢者は，日常生活では自立している人たちだが，重度の疾病，要介護状態となれば，その地域での生活が困難になる。疾病予防・介護予防のためには定期的な地域医療・保健福祉サービスによる治療や健康診査・介護予防サービスが必要（杉井2007）であるが，過疎地で常駐型のサービスを維持し続けることは人的・経済的に困難である。
　アウトリーチ型とすれば，定期的な巡回型サービスによって高齢者の自立生活は持続される。近時，地震や集中豪雨などの自然災害で高齢者が被災する確率は圧倒的に高い（防災白書2008）。高齢者は，気象情報等は気にするものの，災害への具体的な備え（防災）はなされていない（北川2008）。

　しかし，これらの知見を得ても，防災対策の手順である災害予防（Pre-need），災害応急対策（At need），災害復旧・復興対策（After care）の方法論によって過疎集落の医療・保健福祉サービス（Pre-needの担い手）が，災害時救援チームの一員として，被災者支援（At need），生活復旧支援を継続させていくことは出来る（After care）が連動した支援システムを構築するには不十分である。2007年から開始した「災害弱者の地域生活安全のための総合研究」（北川2007～）でも過疎集落のある中山間地の高齢者の被災が多く，本課題研究の必要性が浮き彫りにされた。

**研究期間内に明らかにすること**

　これまで蓄積した文献・調査資料，郷土資料からの知見と本研究により新たに収集する，調査データ，研修結果等を総合して，過疎集落に住む高齢者のための医療・保健福祉と連動した効果的な災害救助システム作りに貢献する。

**本研究の学術的な特色及び予想される結果と意義**
　過疎集落の医療・保健福祉サービスと災害救助・防災を①災害救助と②被災者中心の生活支援，③防災喚起の担い手の視点から捉え研究する点である。専門職（医・看・福）が共にDMAT研修に参加，災害時の支援技術（トリアージ等）を理解し，保健福祉サービスから救助，防災までの一連の支援を効果的に行うことができるシステム作りを目指すことが本研究の特色であり，円滑な災害救助活動と生活復旧と安寧な生活支援のシステム化に本研究の意義がある。

| 研究機関名 | | 研究代表者氏名 | |
|---|---|---|---|

②は,「研究期間内に何をどこまで明らかにするのか」ということが問われる。「挑戦的萌芽研究」の研究期間は,「基盤A・B・C」と少し異なる。「萌芽」であるために,研究期間は1年間でもよい。1年以上の設定された研究期間内に所期の目的を果たすべく記述しなければならない。

「③当該分野における本研究の学術的な特色及び予想される結果と意義」は,きわめて重要な部分である。「学術的な特色」は着想に至ったことと直結する。予想される結果は,着想に至った要因を解きほぐせば容易に案出されてくる。「課題」とそれを「解決する方法」を検討し,仮説を証明できるようにしなければならない。

　本事例申請書は,平成21年度の申請書であり,「研究目的」欄が変更になっている。この当時,概要欄はなく1ページ全体に研究目的を記載するようになっていた。様式が変更されているので,本事例の「研究目的」は要約して上記のように記述されている。

　研究の発想は既存の平時における医療・保健福祉サービスが,非常災害時においても機能するのではないかという発想により,それを防災・災害時対応・被災後生活再建を分断して考えることなくPAAという考え方を応用して研究に取り組み,災害時要援護者の生活支援システムを構築しようとする新規性のあった災害時要援護者支援研究である。

　このように「挑戦的萌芽研究」には,すべてが新開発のものというわけではなく,新たな発想,新たな取り組み,新たな知見は,空想の中から生まれるのではなく,それまでの研究の積み重ねからもたらされるということを示している。

　それは,「医療保険福祉サービス」という通常行われているサービスをいかに非常時にも有効に活用できるようにするかという,その当時にはあまり考えられていなかった発想で研究する。そして,この発想は本申請の前年に基盤B・一般「緩和ケアにおける「生」重視のソーシャルワーカーの支援機能に関する実証的研究」の中からPAA方式で災害に備えるという方法論から得たものである。

書き方のポイント2　研究の発想のつぼは,常に取り組んでいる研究が他にも応用できないかと考えてみることである。研究目的に着想の経緯とどこが新たな取り組みで,新たな分野の創造につながるかを明記することである。

② 研究の斬新性・チャレンジ性

〈研究計画調書様式〉　　　　　　　　　　　　　　　　　　　　　　　　挑戦的萌芽－2

> **研究の斬新性・チャレンジ性**
> 　本欄には，次の点について，焦点を絞り具体的かつ明確に記述してください。
> ① 本研究が，どのような点で斬新なアイディアやチャレンジ性を有しているか
> ② 本研究が，新しい原理の発展や斬新な着想や方法論の提案を行うものである点，または成功した場合に卓越した成果が期待できるものである点等

(出典)「平成28年度科学研究費助成事業　科研費公募要領」(独立行政法人日本学術振興会)より抜粋

　申請する研究課題や内容がこれまでの研究に比して斬新性を有しているか，そしてチャレンジ性があるかを問われる項目であるが，それは当然である。斬新性があっても新たな領域・分野の創出につながる研究であるからには果敢に取り組むという意気込みが感じられなくてはならない。それを以下の①，②に示された点を明確に書く必要がある。

　① 本研究が，どのような点で斬新なアイディアやチャレンジ性を有しているか
　② 本研究が，新しい原理の発展や斬新な着想や方法論の提案を行うものである点，または成功した場合に卓越した成果が期待できるものである点等

　①には，斬新なアイディアによる研究申請であっても，そのアイディアのもとになる研究がどこかになければならないし，そのアイディアをどのような方法で行うかそれが真に必要で，新たな分野を切り開きそれに続いて研究がおこなわれていくようなものになるであろうかという推論をし，吟味したうえで書く必要がある。そうすればかなりの迫力をもって読み手（審査員）を引き付けることになる。

　②には，これまでの理論を基に新たに原理を発見したり，発展させたりすることが可能であるかということや，新たな研究方法論による研究であるかということ，その研究により卓越した成果が得られるかなど少なくとも2点以上を書く必要がある。その際にどこに論点の中心があるのか，主張すべきは何かを考えて書くべきである。

　本事例のように冒頭に「本研究の斬新なアイディアやチャレンジ性」，「新しい方法論の提案」，「成功した場合の成果への期待」などと表題を付けて書けば，斬新性がどこにあり，チャレンジ性とはどういうことを意味するのかということ，方法論の新規性も，また研究によってそのような成果を創出しようとしているのかも明確に書くことができるし，審査委員も理解しやすい。また，訴えようとしていることが鮮明に見えてくる。

　本事例のように，文章表現では分かりにくいことは，箇条書きにするということも一つの方法である。また，アンダーラインや強調文字にして主張することも効果的な方法である。

〈採択事例〉 挑戦的萌芽－2

### 研究の斬新性・チャレンジ性
本欄には，次の点について，焦点を絞り具体的かつ明確に記述してください。
① 本研究が，どのような点で斬新なアイディアやチャレンジ性を有しているか
② 本研究が，新しい原理の発展や斬新な着想や方法論の提案を行うものである点，または成功した場合に卓越した成果が期待できるものである点等

**本研究の斬新なアイディアやチャレンジ性**
　本研究の斬新なアイディアとしては，(1) 過疎集落の高齢者は生活が自立しているが，虚弱化すれば，介護マンパワーが不足のため，地域を離れなければならなくなり，災害時には援護を要するという深刻な課題がある。

　災害時の救助を円滑で効果的なものとし，防災に繋がるようなシステム作りをしようとするところに本研究の斬新性がある。
　非常時の災害医療に平時の保健福祉サービスの情報や担い手を取り込み，効果的な災害救助とし，防災にもつなごうとするチャレンジ性の強い研究である。

**新しい方法論の提案，**
　「過疎集落の災害」と「被災者となる高齢者」を軸に，医療・保健福祉サービスを「Pre-need」として捉え，災害救助を「At need」，被災後の生活支援と新たな医療・保健福祉サービス，防災活動までを「After care」という視点（PAA方式）からアプローチすることが本研究の新しい方法論であり，また医療・保健福祉サービス，災害救助という個別の活動を連動させ，効果的な災害救助法とするということも独自の考え方である。

　①～⑤の課題は，災害救助でも被災後に再開される保健福祉サービスでも解消されない。そのため，新たな発想（PAA方式）で災害時にはそれぞれの専門知識・技術・方法を連動させることによって災害援助を被災者に最適化させようとする新しい災害救助の方法論を提案することにより⑥～⑦の効果をあげることができる。

**成功した場合の成果への期待**
　これが成功すれば，過疎地域への期待として，① 過疎集落へのアウトリーチ型の医療・保健福祉サービスが災害救助から防災につながることが，全国の過疎地域775市町村中7873の過疎集落（九州258）の自治体に強く認識され実施が促進される。② 過疎集落の高齢者の安心と安全，安定した生活を守り集落の衰退を防止し，防災につながる。
　災害救助・防災への期待として，① 災害救助チームが再構成され，災害救助に貢献する。② 災害時に，災害発生の事前，発生時，事後にわたり，過疎集落の高齢者の生活に寄り添った支援をしていく汎用性のある災害救助となる。③ 福祉専門職の新しい役割が開かれるなどがあげられる。

冒頭に「本研究の斬新なアイディアやチャレンジ性」,「新しい方法論の提案」,「成功した場合の成果への期待」などと表題を付けて書けば, 斬新性がどこにあり, チャレンジ性とはどういうことかが鮮明に見えてくる。
文章表現では分かりにくいことは, 箇条書きにしたりアンダーラインや強調文字にすることも効果的な方法である。

③ 研究計画・方法

研究計画・方法は, 他の基盤研究の申請と同様に, この欄にも冒頭に, その概要を簡潔にまとめて記述ししなければならない。

研究計画とその方法の記述は, 申請書の中の基幹部分であるために, アイディアと予想される成果を入念に考慮しつつ組み立てたうえで, 書き始めることとなる。

いいアイディアであり, 研究方法, 年次計画も優れていてもその書き方次第で結果は分かれる。書き方の力量がもっとも問われる重要な部分である。

説明は,「指南書き」であるともいえるほど, 詳細に記述する事項を提示している。これに従って書いていけば良いのである。

文献の引用により, いかに基盤となる研究が進展しているか, どこから申請書のような発想を得たのかが垣間見られるのも「文献引用」の箇所である。

研究組織・役割分担は, 図表を用いた方が分かりやすい。「研究代表者, 研究分担者の具体的な役割（図表を用いる等）」とも記載されている。図は, 研究全体を表すものとして, 表は, 役割分担を表すものとして双方を用いるのも良い方法である。

研究概要図は以下のとおりである。このように作表・図示すれば, 研究目的, 研究方法, そして目標まですべて一目瞭然であり, 審査委員にも理解してもらえよう。

挑戦的萌芽－3と挑戦的萌芽－4は2ページにわたって研究計画・方法について記述する欄である。特に申請年度と次年度およびそれ以降の研究終了期間までの研究計画を書かねばならない。できるだけ丁寧に書く努力をすることが必要である。新たな研究分野の創造, 社会のブレークスルーにつながる研究を申請するのであるから, 研究過程を明確に提示することが必要である。

記述する内容の説明にしたがい書いていけば, 研究の道程を容易に示すことができるように申請書は作られている。申請する研究者にとってこれ以上有り難いことはない。

〈採択事例〉　　　　　　　　　　　　　　　　　　　　　　　　　　　　　　　挑戦的萌芽－3

## 研究計画・方法
　本欄には，研究目的を達成するための具体的な研究計画・方法について，冒頭にその要旨を記述した上で，平成21年度の計画と平成22年度以降の計画に分けて，適宜文献を引用しつつ，焦点を絞り，具体的かつ明確に記述してください。また，研究計画を遂行するための研究体制について，研究代表者及び研究分担者の具体的な役割（図表を用いる等）及び研究分担者とともに行う必要がある場合には，学術的観点から研究組織の必要性・妥当性及び研究目的との関連性についても述べてください。さらに，研究体制の全体像を明らかにするため，連携研究者及び研究協力者（海外共同研究者，科学研究費への応募資格を有しない企業の研究者，大学院生等（氏名，員数を記入することも可））の役割についても必要に応じて記述してください。

### 研究計画・方法の要旨
**（1）研究体制**
　本研究を3年間で行なう研究組織は下表の通りである。

|   | 氏　　名 | 地域・所属 | 中　心　的　役　割 |
|---|---|---|---|
| 1 | 研究者A 研究代表 | ○○大学・○○学部 | 研究の統括，高齢者福祉サービス，過疎集落の災害史・被災リスクと防災 |

**（2）研究概要**
　本研究は3年間で行なう研究は下図のとおりである。

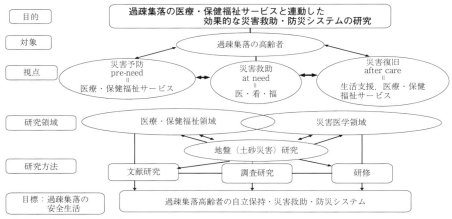

### 平成21年度の研究計画・方法
（1）医療・保健福祉サービスと連動した災害救助・防災システム研究遂行のために研究組織を上記表のとおりとし，本研究のテーマに即した研究分野を設定し，その中心的役割を担うとともに定期的に研究会を開き，研究状況・課題について討議し，相互に連携して研究を遂行する。3名の研究者は，研修や調査研究にそれぞれの研究協力者（博士研究員，大学院生等）を得て，研究を推進する。
　本研究は，災害医学分野と社会福祉分野の研究者によって構成される研究であるために，中山間地の過疎集落における高齢者の生活実態の実際と生活ニーズを把握するための過疎集落の踏査，災害救助研修は，共同で行う。
（2）高齢者の中山間地の高齢者の被災経験と防災意識，全国の介護老人福祉施設・介護老人保健施設の被災と防災意識についての意識・実態調査（2007年）を基に，佐賀県，

| 研究機関名 | | 研究代表者氏名 | |
|---|---|---|---|

挑戦的萌芽−4

```
研究計画・方法（つづき）
```

（出典）「平成28年度科学研究費助成事業　科研費公募要領」（独立行政法人日本学術振興会）より抜粋

　挑戦的萌芽−4においては，研究計画・方法（つづき）を記述する。2年以上の研究期間を費やして挑戦的萌芽研究を行う場合には，当初2年間の計画をいかに綿密に計画し，その計画に合致した方法論で行うかを記述することになる。この2ページが申請書の大舞台である。
　以下，挑戦的萌芽−5の「人権の保護及び法令等への順守への対応，研究経費の妥当性・必要性」，挑戦的萌芽−6の「設備備品費の明細，旅費等の明細」について記述する。要領はいづれも基盤研究「A」，「B」，「C」と同様である。

④　人権の保護及び法令等の遵守への対応・研究経費の妥当性・必要性
　自然科学分野，人文社会科学分野の別を問わず，研究には，調査，実験，実習・研修を必要とするため，人権の侵害がないように，生命倫理の順守，人命の安全性などが担保できる方法で研究を進行させていくことを明示しなければならないのが，この項目での記述である。個人情報保護，法令等の遵守についてその根拠を明示する。公募要領を熟読し事例にあるような対象の研究に取り組もうとする場合は細心の注意を払うことが必要である。
　研究経費の妥当性・必要性は，本研究に取り組むにあたって，真に必要最小限度の経費の計上になっているかを吟味し，研究経費としては妥当であると思われる項目・金額で申請することが求められる。

〈採択事例〉　　　　　　　　　　　　　　　　　　　　　　　　　　　　　　　　　　挑戦的萌芽－5

### 人権の保護及び法令等の遵守への対応 （公募要領9頁参照）

　本欄には，研究計画を遂行するにあたって，相手方の同意・協力を必要とする研究，個人情報の取り扱いの配慮を必要とする研究，生命倫理・安全対策に対する取組を必要とする研究など法令等に基づく手続きが必要な研究が含まれている場合に，どのような対策と措置を講じるのか記述してください。
　例えば，個人情報を伴うアンケート調査・インタビュー調査，患者から提供を受けた試料の使用，ヒト遺伝子解析研究，組換えDNA実験，動物実験など，研究機関内外の倫理委員会等における承認手続きが必要となる調査・研究・実験などが対象となります。
　なお，該当しない場合には，その旨記述してください。

---

　本研究を行うにあたって，国立大学法人○○大学教職員倫理綱領（平成20年1月9日施行）「6. 研究者としての責務」を自覚し，本研究を遂行する。
　本研究内容において，人権の保護及び法令等の遵守への対応に特に留意しなければならないのは，①調査（インタビュー調査，アンケート調査），②研修および③地域情報に関する事項である。
　これらを実施する際しては，日本社会福祉学会の研究倫理指針（2004年10月施行）に示されている内容を遵守して研究を進めることを前提とする。

### 研究経費の妥当性・必要性

　本欄には，「研究計画・方法」欄で述べた研究規模，研究体制等を踏まえ，次頁以降に記入する研究経費の妥当性・必要性・積算根拠について記述してください。また，研究計画のいずれかの年度において，各費目（設備備品費，旅費，謝金等）が全体の研究経費の90％を超える場合及びその他の費目で，特に大きな割合を占める経費がある場合には，当該経費の必要性（内訳等）を記述してください。

### 研究経費の妥当性・必要性・積算根拠

　調査に関しては，研究者3名が各年2回，現地でのインタビュー調査を行い，アンケート調査に関しては，研究者がそれぞれ分担して両県の協力機関への依頼訪問をする。
　インタビュー調査には，録音機1台，過疎集落の状況を捉えるための小型のビデオカメラ（1台）とそのモニター（1台），およびデジタルカメラ1台は最低限必要である。また，災害リスク分析等のための地理情報システムは，必須のものであるが，本研究には初級者用のもので十分であるため経費の縮減に努めることができる。
　研修に当たっては，研修講師を招聘しなければならないのでその他の経費はできるだけ縮減することとした。研修の様子を講師・参加者に許可を得て，研修後のシミュレーション演習に利用するため，調査用に購入するビデオカメラ，モニター，デジタルカメラを活用するため，係る経費は可能な限り効率的にできるよう心がける。

| 研究機関名 | | 研究代表者氏名 | |
|---|---|---|---|

「人権の保護及び法令等の遵守への対応」では，研究内容に記述されている研究手法上に必要となる事柄に対する人権保護・法令順守の必要性を書き忘れていないかをチェックして漏れがないよう万全を期すことが大切である。

⑤ 設備備品費・消耗品費，旅費等の明細

次に，「設備備品費の明細および消耗品費の明細，旅費等の明細」をそれぞれ研究年度毎に記載する。その場合，積算基礎を間違えないようにする。

〈採択事例〉

挑戦的萌芽－6
（金額単位：千円）

| 設備備品費の明細 | | | 消耗品費の明細 | |
|---|---|---|---|---|
| （記入に当たっては，挑戦的萌芽研究 研究計画調書作成・記入要領を参照してください。） | | | 記入に当たっては，挑戦的萌芽研究 研究計画調書作成・記入要領を参照してください。 | |
| 年度 | 品名・仕様<br>（数量×単価）（設置機関） | 金額 | 品名 | 金額 |
| 21 | 地理情報システム（GIS）Terra Map<br>（1 × 299）（〇〇大学） | 299 | 雑誌（防災白書他） | 20 |
| | PC:Vaio VGN-AR8IS<br>（2 × 229）（〇〇大学1，△△大学1） | 458 | PPC 用紙（A4，A3） | 20 |
| | disk recorderBDZ-V9<br>（1 × 25）（〇〇大学） | 65 | 文具（ファイル，CD-RW） | 20 |
| | KDL 液晶 TV32V3000 BRAVIA<br>（1 × 100）（〇〇大学） | 100 | USB フラッシュメモリー | 30 |
| | HDRVideo Camera HDR-SR8<br>（1 × 100）（〇〇大学） | 100 | プリンター用インクジェットカートリッジ | 30 |
| | SONY Cyber shoot DSC-H50<br>（1 × 40）（△△大学） | 40 | | |
| | 計 | 1,062 | 計 | 120 |
| 22 | 計 | 0 | 21年同様　　　計 | 120 |
| 23 | 計 | 0 | 22年同様　　　計 | 120 |

| 旅費等の明細 (記入に当たっては，挑戦的萌芽研究 研究計画調書作成・記入要領を参照してください。) | | | | | | | | |
|---|---|---|---|---|---|---|---|---|
| 年度 | 国内旅費 | | 外国旅費 | | 人件費・謝金 | | その他 | |
| | 事　項 | 金額 | 事　項 | 金額 | 事　項 | 金額 | 事　項 | 金額 |
| 21 | DMA研修<br>（5名）<br>（T・S宿泊）<br>面接調査<br>（研究者3名<br>協力者3名）<br>（S・K）<br>（7名×10）<br>学会発表（T<br>2名）<br>（2名×100）<br>計 | 500<br><br><br><br><br><br><br>70<br><br><br>200<br>**770** | 研究協力者招聘<br>（Sh・S）<br>（1名×100）<br><br><br><br><br><br><br><br><br>計 | 100<br><br><br><br><br><br><br><br><br><br><br>**100** | DMAT研修謝<br>金<br>（10名×50）<br><br>専門知識提供<br><br><br><br><br><br>計 | 500<br><br><br>20<br><br><br><br><br><br><br>**520** | 会議費<br>DMATテキス<br>ト・研修資料印<br>刷<br>（100部×15）<br>学会投稿料<br><br><br><br>計 | 10<br><br><br><br>100<br>15<br><br><br><br>**125** |
| 22 | | | | | | | | |
| 23 | | | | | | | | |

（注）地名の固有名称は，アルファベット文字に置き換えている。

　研究代表者のみに関する記述をしなければならないのが挑戦的萌芽－7および挑戦的萌芽－8である。

　この2ページに，「研究費の応募・受け入れ等の状況・エフォート」を記載しなければならない。なぜこの欄が必要かという理由は，挑戦的萌芽研究の基盤となる研究を行ってきているのかということが明確にわかるようにするためであると考えてよい。基礎的・基盤となる研究を行っていない，行っていないのに「萌芽となる研究」を行うことは無理であるということでもある。したがって，挑戦的萌芽研究に応募するためには，着想に至った経緯から，現在受け入れている研究費・応募している研究が，挑戦的萌芽研究の研究目的，研究計画へと一貫しているということが分かる書き方をしなければならない。

〈採択事例〉
⑥ 研究代表者のみの作成事項

研究代表者のみ作成・添付

挑戦的萌芽－7

**研究費の応募・受入等の状況・エフォート**

本欄は，第2段審査（合議審査）において，「研究資金の不合理な重複や過度の集中にならず，研究課題が十分に遂行し得るかどうか」を判断する際に参照するところであり，研究代表者の応募時点における，(1) 応募中の研究費，(2) 受入予定の研究費，(3) その他の活動，について，次の点に留意し記入してください。なお，複数の研究費を記入する場合は，線を引いて区別して記入してください。

① 「エフォート」欄には，年間の全仕事時間を100％とした場合，そのうち当該研究の実施等に必要となる時間の配分率（％）を記入してください。
② 「応募中の研究費」欄の先頭には，本応募研究課題を記入してください。
③ 科学研究費補助金の「特定領域研究」及び「新学術領域研究」の領域提案型にあっては，「計画研究」，「公募研究」の別を記入してください。
④ 所属研究機関内で競争的に配分される研究費についても記入してください。

**(1) 応募中の研究費**

| 資金制度・研究費名・研究期間<br>（配分機関等名） | 研究課題名<br>（研究代表者氏名） | 役割<br>（代表・分担の別） | 平成21年度研究経費<br>（期間全体の額）<br>（千円） | エフォート（％） | 研究内容の相違点及び他の研究費に加えて本応募研究課題に応募する理由 |
|---|---|---|---|---|---|
| 【本応募研究課題】<br>挑戦的萌芽研究<br>（H21～H23） | 過疎集落の医療・保健福祉サービスと連動した効果的な災害救助・防災システムの研究 | 代表 | 2,697<br>(4,987) | 15 |  |
|  |  |  |  |  |  |

| 研究機関名 |  | 研究代表者氏名 |  |
|---|---|---|---|

〈採択事例〉

研究代表者のみ作成・添付

挑戦的萌芽－8

| 研究費の応募・受入等の状況・エフォート（つづき） ||||||
|---|---|---|---|---|---|
| (2) 受入予定の研究費 ||||||
| 資金制度・研究費名・研究期間<br>（配分機関等名） | 研究課題名<br>（研究代表者氏名） | 役割<br>（代表・分担の別） | 平成21年度研究経費<br>（期間全体の額）<br>（千円） | エフォート（％） | 研究内容の相違点及び他の研究費に加えて本応募研究課題に応募する理由 |
| 科研費基盤B・一般<br>（H19～H22） | 緩和ケアにおける「生」重視のソーシャルワーカー支援機能に関する実証的研究 | 代表 | 2000<br>(5800) | 15 | 緩和ケアにおける患者中心ソーシャルワーク研究で，本研究から本課題の災害時の被災者中心の救助・生活援助に福祉専門職の必要性の発想を得た。直接関係する研究ではないが，どちらもソーシャルワークの視点を重視した研究である。 |
| 佐賀大学教育改革費<br>（H19H～20） | 災害弱者の安全生活のための地域総合研究 | 代表 | 6000<br>(12000) | 15 | 介護保険施設の防災意識調査と，低平地の水害時の避難施設に関する研究である。この研究から災害時要援護者の課題に取り組む必要性を覚醒され，特に本課題は，過疎集落の元気な高齢者の災害救助と生活支援・防災システムの研究が中心である。 |
| 佐賀大学競争的資金平成20年度GPシーズ（H20） | 国内および国際的な大規模災害における災害時対処（被災者支援等）に貢献する人材育成プログラム | 代表 | 1360 | 5 | 災害救助ためのDMAT研修に社会福祉専門職を目指す学生も参加させ，災害救助チームの編成を学ぶ教育プログラムであり，いわば本研究の素地を作る事業である。 |
| (3) その他の活動<br>　上記の応募中及び受入予定の研究費による研究活動以外の職務として行う研究活動や教育活動等のエフォートを記入してください。 |||| 50 | |
| 合　計<br>　　（上記 (1), (2), (3) のエフォートの合計） |||| 100<br>（％） | |

研究費の応募状況や受け入れ状況の記述は，特に挑戦的萌芽研究では重要である。
　それは，研究業績書が不要だからである。
　どのような研究から申請しようとする研究の着想を得たか，どのような新たな研究分野を構築することができるかということが，研究費の受け入れや研究費の応募で容易に類推することができるからである。換言すれば，この項目でしか，これまでの研究の軌跡が分からないということである。
　ここでは，「研究内容の相違点及び他の研究費に加えて本応募研究課題に応募する理由」を書かねばならないが，明らかな「相違点」，「応募の必要の理由」を具体的かつ簡潔に記述することが求められる。
　なお，基盤研究（A），（B），（C）と書き方のスタイルはほぼ同様であるが，異なる点は，「挑戦的萌芽研究」のみに，研究業績書の作成がないことだけである。
　科研費を獲得するための申請の戦略とは，第一に応募分野の選択，第二に申請書の書き方，第三は研究の質とレベル，すなわちいかにオリジナリティがあるということを記述できるかということである。
　ただし，研究の質が高いと客観的に評価されている（された）ということと資金を獲得できるということは必ずしも同じではない。たとえ質の高い研究であっても，それが資金獲得に至るまでの質の高さを有していることが申請書に反映されていなければ，いくら書いても資金獲得への道は遠い。

「研究内容の相違点及び他の研究費に加えて本応募研究課題に応募する理由」では，明らかな「相違点」，「応募の必要の理由」を具体的かつ簡潔に記述すること。

- **研究課題の決定までにやっておくこと**

　「採択妥当（優れている）」と評価され採択されるには，どのような姿勢で臨むかも重要な要素である。
　「挑戦的萌芽研究」においては，「萌芽」であるので，これから自身が応募し，実施していこうとする研究がその分野の先駆的な研究であり，自身の研究によって新たな研究分野のドアが開かれるという強い思いが必要である。すなわち，『この研究は自分しかできないのだ』といった強い思い入れがあれば，申請書は円滑に進み仕上がるだろう。
　まず考えることは，

① 研究申請書の研究種目，審査区分の適切性
　② 研究課題の学術的重要性，研究申請の妥当性，当該研究による波及効果
　③ 研究計画・方法の適切性と明確化
　④ 研究内容の独創性，当該研究の革新性，先駆性の明確化
　⑤ 研究組織・研究体制の整備，役割分担の明確化，研究着手への準備状況
　⑥ 研究業績は当該研究を可能にする業績（論文，著書）
　⑦ 研究経費はその妥当性と費用対効果
　⑧ 研究貢献は当該分野・関連分野及びその他の分野への波及効果
といったことを考慮しながら書いていきたい。

　これらはどの申請分野にでもいえることであるが，「挑戦的萌芽研究」では，特に「萌芽」ということを念頭に置いて研究計画を立てることが要求されることを忘れてはならない。

　この採択された申請書と次項で示す挑戦的萌芽で不採択とされた申請書とを見比べていただき，是非その違いを読み取ってほしい。不採択となった研究においても，これらのことをもう一度吟味して申請の再チャレンジをすれば決して徒労に終わることはないだろう。

　次に考えるべきこととしては，応募課題の内容が評価されやすい審査分野に申請することも一つの方法である。申請書は，理路整然と且つ読みやすい文章で，最後まで論旨が一貫していることが大切であり，申請書には図表などを用いて，文章部分と図表のバランス，写真など的確で，読みやすいことを考えるべきである。

---

「萌芽」では，これまでにないことを研究テーマとして取り組むため，誰もがわかっているはずと思わず丁寧に説明することが重要であり，申請する分野では，常識として誰もが知っていると思わずに書くことがコツである。

## 2. 不採択申請書の分析と採択の為の徹底研究

　これまで挑戦的萌芽研究の採択事例を通して申請書の書き方を見てきた。次に，不採択評価Aとなった事例とを比較することによって，どのような書き方をすべきかが理解できよう。申請しようとする時点で，その課題を解決あるいは研究発展させることで真に新たな研究分野を創出することに貢献できるか否かを吟味すべきである。

不採択順位評価「A」の評価書チェック

　〈事例2〉「挑戦的萌芽研究」評価書

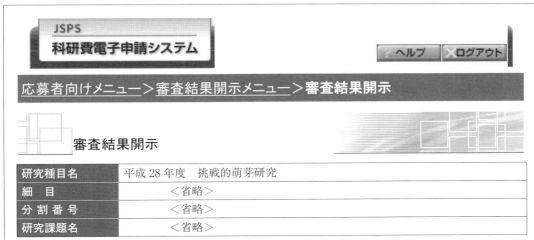

## 2. 書面審査における評価結果

第1段審査の各評定要素については，4段階の絶対評価（「参考2」の評定基準参照）により審査を行っています。あなたの評定要素毎の審査結果は次のとおりでした。

### (1)【評定要素ごとの結果】

あなたの研究課題の平均点及び当該細目において採択された研究課題の平均点

| 評定要素 | あなたの平均点 | 採択課題の平均点 |
|---|---|---|
| ①「挑戦的萌芽研究」としての妥当性 | 3.00 | 3.10 |
| ② 研究課題の波及効果 | 2.75 | 3.21 |
| ③ 研究計画・方法の妥当性 | 2.75 | 3.06 |

※当該細目に採択課題が無い場合は，採択課題の平均点は「0.00」と表示されます。

### （参考2）①～③の評定基準

| 評点区分 | 評定基準 |
|---|---|
| 4 | 優れている |
| 3 | 良好である |
| 2 | やや不十分である |
| 1 | 不十分である |

### (2)【審査の際「2（やや不十分である）」又は「1（不十分である）」と判断した項目（所見）】

評点「2（やや不十分である）」又は「1（不十分である）」が付された評定要素については，そのように評価した審査委員の数を項目ごとに「＊」で示しています。（最大4個）

| 評定要素 | 項目 | 審査委員の数 |
|---|---|---|
| ①「挑戦的萌芽研究」としての妥当性 | ・明確に斬新なアイディアやチャレンジ性を有する研究課題となっているか | ＊ |
| | ・下記のような例示を含め，「挑戦的萌芽研究」としての性格付けが明確に行われており，この種目に相応しい研究課題となっているか<br>　a）新しい原理の発見や提案を目的とした研究<br>　b）学術上の突破口を切り拓くと期待される斬新な着想や方法論の提案<br>　c）学界の常識を覆す内容で，成功した場合，卓越した成果が期待できる研究 | |
| ②研究課題の波及効果 | ・当該分野もしくは関連分野の研究進展に対する大きな貢献，新しい学問分野の開拓等，学術的な波及効果が期待できるか | ＊ |
| | ・将来的に，科学技術，産業，文化など，幅広い意味で社会に与える革新的なインパクト・貢献が期待できるか | ＊ |
| ③研究計画・方法の妥当性 | ・研究目的を達成するため，研究計画は十分に練られたものとなっているか | ＊ |
| | ・研究計画・方法に照らして，研究期間は妥当なものか | |
| | ・研究計画・方法に照らして，研究経費の配分は妥当なものか | |
| | ・公募の対象としていない以下のような研究計画に該当しないか | |

| ③研究計画・方法の妥当性 | a) 単に既製の研究機器の購入を目的とした研究計画<br>b) 他の経費で措置されるのがふさわしい大型研究装置等の製作を目的とする研究計画<br>c) 商品・役務の開発・販売等を直接の目的とする研究計画（商品・役務の開発・販売等に係る市場動向調査を含む。）<br>d) 業として行う受託研究 |
|---|---|

※審査の際「2（やや不十分である）」又は「1（不十分である）」を付した審査委員がいない場合，「＊」は表示されません。

### 3. 総合評点の結果

総合評点は，4段階の絶対評価（「参考3」の評定基準参照）及び上位の研究課題について2段階の相対評価（「参考4」評定基準参照）により付すこととしています。あなたの4段階の絶対評価の平均点及び2段階の相対評価の結果は次のとおりでした。

（1）あなたの4段階の絶対評価の平均点は「2.75」でした。

**（参考3）評定基準**

| 評点区分 | 評 定 基 準（絶対評価） |
|---|---|
| 4 | 非常に優れた研究課題であり，最優先で採択すべき |
| 3 | 優れた研究課題であり，積極的に採択すべき |
| 2 | 優れた研究内容を含んでおり，余裕があれば採択すべき |
| 1 | 研究内容等に不十分な点や問題があり，採択を見送るべき又は採択すべきでない |
| — | 利益相反の関係にあるので判定できない |

（2）あなたの2段階の相対評価の結果

|   |   |
|---|---|
|   | 「AA」を付した審査委員が0名いました |
| ＊ | 「A」を付した審査委員が2名いました |
|   | 「AA」及び「A」を付した審査委員はいませんでした |

**（参考4）評定基準**

| 評点区分 | 評 定 基 準（相対評価） |
|---|---|
| AA | 上位5％の研究課題 |
| A | 上位6～25％の研究課題 |

### 4. その他の評価項目の評定結果

研究経費の妥当性について
①「研究計画の内容から判断し，充足率を低くすることが望ましい」と評定した審査委員はいませんでした。
②「研究経費の内容に問題がある」と評定した審査委員はいませんでした。

### 5. 留意事項

人権の保護及び法令等の遵守を必要とする研究課題の適切性について
「法令遵守等の手続き・対策等に不十分な点が見受けられる」と指摘した審査委員はいませんでした。

【補足情報】
　科学研究費助成事業（基盤研究等）の配分審査の仕組，配分に当たっての基本的考え方，審査方針，第1段（書面審査）における評定の基準，細目毎の応募・採択状況等，科学研究費助成事業に関する各種情報は，日本学術振興会科学研究費助成事業ホームページ上でご覧いただけます。
日本学術振興会（JSPS）の科学研究費助成事業ホームページアドレス：
http://www.jsps.go.jp/j-grantsinaid/index.html
独立行政法人日本学術振興会研究事業部研究助成第一課

[審査結果開示メニューに戻る]

　上記の不採択となった申請書について，その書き方のどこに問題があったのか，以下，項目ごとに検討する。

　評価書を参考にしていただき，自分ならどのように書くか，どのように書き換えれば良いかを自身で考えていただきたい。

## 3. 不採択事例から挑戦的萌芽研究の研究目的・研究計画の書き方を考える

＜不採択事例＞　　　　　　　　　　　　　　　　　　　　　　　　　　　　　挑戦的萌芽－1

> **研 究 目 的**
>   本欄には，研究の全体構想及びその中での本研究の具体的な目的について，冒頭にその概要を簡潔にまとめて記述した上で，適宜文献を引用しつつ記述し，特に次の点については，焦点を絞り，具体的かつ明確に記述してください（記述に当たっては，「科学研究費助成事業における審査及び評価に関する規程」（公募要領 75 頁参照）を参考にしてください。）。
>   ① 研究の学術的背景（本研究に関連する国内・国外の研究動向及び位置づけ，応募者のこれまでの研究成果を踏まえ着想に至った経緯，これまでの研究成果を発展させる場合にはその内容等）
>   ② 研究期間内に何をどこまで明らかにしようとするのか
>   ③ 当該分野における本研究の学術的な特色及び予想される結果と意義
>
> **研 究 目 的（概要）** ※ 当該研究計画の目的について，簡潔にまとめて記述してください。
>   過去 30 年間の自然災害による死亡者 248 万人の半数は，低所得国で，所得が低いほど犠牲者も多い。災害復興の課題は，失業（貧困化），健康被害，家族関係の葛藤，居住危険地域での居住である。アジア地域では防災計画に BCP（事業継続計画）の導入がほとんどない。発災により企業や病院，社会福祉施設等の機能は停止・低下し，低所得の被災者が，就業の場，十分な医療も居住の場も失ってしまう状況に鑑み，本研究は，被災者の復興ニーズに着目した病院および社会福祉施設の BCP（事業継続計画）の作成を目的とする。低所得者層の被害を減少させ，復興を円滑にするには，健康重視のための社会福祉施設の避難所利用と緊急医療（出産を含む），避難所としてのゲル（テント型住居）利用など緊急医療から平常医療の継続に有効な BCP の作成が必要である。

### （1）研究目的（概要）のまずい書き方

本研究申請書の不採択理由は，以下のとおりであり，確かにそのとおりである。

①「挑戦的萌芽研究としての妥当性」で，＜・明確に斬新なアイディアやチャレンジ性を有する研究課題となっているか＞に審査委員 1 名が否であり，

②「研究課題の波及効果」で，＜・当該分野もしくは関連分野の研究進展に対する大きな貢献，新しい学問分野の開拓等，学術的な波及効果が期待できるか＞，＜・将来的に，科学技術，産業，文化など，幅広い意味で社会に与える革新的なインパクト・貢献が期待できるか＞に 1 名の審査員が否を，そして，

③「研究計画・方法の妥当性」では，＜・研究目的を達成するため，研究計画は十分に練られたものとなっているか＞に，1 名の審査員が否の判断をされたものである。

2 段階の評定基準（相対評価）では，「A」を付した審査委員が 2 名（上位 6〜25％の研究課題）という評価もされている。

審査委員によって評価が分かれることは審査が綿密に行われているということの証左である。

さて，この評価から本不採択事例の申請書を見ると，

①「明確に斬新なアイディアやチャレンジ性を有する研究課題」となっているかどうかについて，「自然災害の犠牲者が多いアジア各国で BCP（事業継続計画）が被災者の救助，復興には

欠かせない」ということは，データに基づき明確化されている事実であり，新たな発見でも気づきでもない。

　研究目的（概要）のみからいえることは，「BCPを病院や社会福祉施設は作成することが必要である。」ことを力説しているだけである。確かに，災害医療において急性期から慢性期につなぐ必要があることは最近ようやく言われ始めてきていることであり，着眼点としては新規性があり，近年多発している自然災害への対応には欠かせないこととなってきつつあることへの言及はよい。しかし，これだけでは，特に斬新なアイディアとは言えないだろう。

　②『研究課題の波及効果』としては，現実の事業・取り組みができれば災害時の被災者を大幅に減少させ犠牲者の数の減少化につながるかもしれないので，あるいは，社会に与える革新的なインパクト・貢献を期待することができるかもしれない。

　しかし，1名の審査委員は否定的評価であった。本研究申請は「研究」としてではなく，実践活動・実装に力点が大きいといえる。こうしたことから，本研究は，実践研究とも言え，必ずしも関連分野の研究進展に対する大きな貢献をするとは言い難い。ましてや新しい学問分野の開拓，学術的な波及効果が期待できるかには疑問が生じると評価された申請書である。

申請書では，言いたいことを十分に力説することが必要であり，特に挑戦的萌芽研究であるというチャレンジ性が伝わってこない書き方をすべきではない。

(2) 研究の斬新性・チャレンジ性

＜不採択事例＞　　　　　　　　　　　　　　　　　　　　　　　　　　　挑戦的萌芽－2

> **研究の斬新性・チャレンジ性**
> 　本欄には，次の点について，焦点を絞り具体的かつ明確に記述してください。
> ① 本研究が，どのような点で斬新なアイディアやチャレンジ性を有しているか
> ② 本研究が，新しい原理の発展や斬新な着想や方法論の提案を行うものである点，または成功した場合に卓越した成果が期待できるものである点等
>
> ① **本研究の斬新なアイディアやチャレンジ性**
> ⅰ）本研究は，異分野融合型による防災〜復興〜次の災害の減災の必要性ととらえるところが，従来の災害研究とは異なるアイディアである。
> ⅱ）災害復興の課題を，日本とネパールの災害復興の課題の共通性・差異性を捉え，防災計画にBCPを入れるという新たな発想の研究である。
> ⅲ）アジアの途上国に多い，自然災害による損失を最小化するために，わが国等の先進的な防災・減災策となるBCPを作成し，防災・減災を進めるためのアジア地域の災害多発地域に適する提案にしようとするところにチャレンジ性があるといえる。
>
> ② **新しい原理の発展や斬新な着想や方法論の提案，成功した場合の卓越した成果への期待**
> ⅰ）災害復興は，被災者のニーズを取り入れ，安全地域での居住を重視し，社会基盤の復旧・復興と並行して低所得層への切れ目のない長期的支援の必要性を提言できる。
>
> ③ **研究課題の波及効果，研究計画・方法の妥当性**

① 本研究が，どのような点で斬新なアイディアやチャレンジ性を有しているか
② 本研究が，新しい原理の発展や斬新な着想や方法論の提案を行うものである点，または成功した場合に卓越した成果が期待できるものである点等

　挑戦的萌芽研究で最もエネルギーを傾注して記述しなければならないのは，申請しようとする研究が，『研究としていかに斬新性（新規性）』があり，その研究に取り組むべきチャレンジ性があるかということである。その書き方は，①と②に示されているように，順に記述することである。
　本申請書では，「斬新なアイディア」は，これまでの被災地調査研究，被災者支援活動の記述に埋没し，斬新性はかき消されてしまっている。調査研究の成果，実践活動の結果から斬新なアイディアが導き出されたはずであるが，そのような書き方になっていないのである。
　審査の結果の評定要素①「挑戦的萌芽研究」としての妥当性について言えば，

・明確に斬新なアイディアやチャレンジ性を有する研究課題となっているか

- 下記のような例示を含め，「挑戦的萌芽研究」としての性格付けが明確に行われており，この種目に相応しい研究課題となっているか否かが評価の対象となる。
    a）新しい原理の発見や提案を目的とした研究であるか否か
    b）学術上の突破口を切り拓くと期待される斬新な着想や方法論の提案であるか否か
    c）学界の常識を覆す内容で，成功した場合，卓越した成果が期待できる研究であるか否か

　上記のように，「明確に斬新なアイディアやチャレンジ性を有する研究課題となっているか」が問われているのにもかかわらず，書きたいことを十分に書くことができず，したがって，斬新なアイディアとみなされなかったということである。本事例のような書き方にならないよう十分注意して記述したい。

③ 研究課題の波及効果，及び研究計画・方法の妥当性
- 当該分野もしくは関連分野の研究進展に対する大きな貢献，新しい学問分野の開拓等，学術的な波及効果が期待できるか
- 将来的に，科学技術，産業，文化など，幅広い意味で社会に与える革新的なインパクト・貢献が期待できるか
- 研究目的を達成するため，研究計画は十分に練られたものとなっているか

　ここでは，研究課題が何を目的とし，何を創造できるかが明確に記載されていないからであろうか，「関連分野の研究進展に対する貢献度」についても「新たな学問分野を開拓していく」上においても，社会的に波及効果はないであろうと判断され，研究としてのインパクトに欠けるという評価であった。
　おそらくは理論上の組み立て，方法論，研究方法についても十分練られていたかどうかということが明確でなかったと評価されたのではないかと考えられる。採択のためには，研究内容の書き方，方法が当該申請にふさわしいものでなければならないということがうかがえる不採択申請書である。

## 4．不採択通知評価 B の分析

### （1）不採択順位評価「B」の評価書チェック

〈事例1〉「基盤（C）一般」評価書

　審査結果開示欄で，細目，分割番号の項は，挑戦的萌芽研究と同じ分野であり，応募件数・採択件数・採択率も同様であるため，ここでは割愛する。

　まず，評価内容についてご覧いただきたい。

---

記

1．応募細目における採択されなかった研究課題全体の中でのあなたのおおよその順位

　あなたのおおよその順位は「B」でした。

（参考1）おおよその順位

| | |
|---|---|
| A | 応募細目における採択されなかった研究課題全体の中で，上位20％に位置していた |
| B | 応募細目における採択されなかった研究課題全体の中で，上位21％〜50％に位置していた |
| C | 応募細目における採択されなかった研究課題全体の中で，上位50％に至らなかった |

2．書面審査等における評価結果

　第1段審査の各評定要素については，4段階の絶対評価（①〜⑤の評定要素については「参考2」の評定基準参照，⑥の評定要素については「参考3」の評定基準参照）により審査を行っています。あなたの評定要素毎の審査結果は次のとおりでした。

(1)【評定要素ごとの結果】

　あなたの研究課題の平均点及び当該細目において採択された研究課題の平均点

| 評定要素 | あなたの平均点 | 採択課題の平均点 |
|---|---|---|
| ①研究課題の学術的重要性・妥当性 | 3.00 | 3.39 |
| ②研究計画・方法の妥当性 | 2.50 | 3.09 |
| ③研究課題の独創性及び革新性 | 3.00 | 3.17 |
| ④研究課題の波及効果及び普遍性 | 3.00 | 3.17 |
| ⑤研究遂行能力及び研究環境の適切性 | 3.00 | 3.33 |
| ⑥研究計画と研究進捗評価を受けた研究課題の関連性 | （該当なし） | （該当なし） |

※当該細目に採択課題が無い場合は，採択課題の平均点は「0.00」と表示されます。

(参考2) ①〜⑤の評定基準

| 評点区分 | 評定基準 |
|---|---|
| 4 | 優れている |
| 3 | 良好である |
| 2 | やや不十分である |
| 1 | 不十分である |

(参考3) ⑥の評定基準

| 評点区分 | 評定基準 |
|---|---|
| 4 | 更に格段の発展が期待できる |
| 3 | 更に発展が期待できる |
| 2 | 更なる発展はあまり期待できない |
| 1 | 更なる発展はほとんど期待できない |
| ― | 研究進捗評価を受けた研究課題との関連性はない別個の研究課題である |

(2)【審査の際「2(やや不十分である)」又は「1(不十分である)」と判断した項目(所見)】
　評点「2(やや不十分である)」又は「1(不十分である)」が付された評定要素については,そのように評価した審査委員の数を項目ごとに「＊」で示しています。(最大4個(時限付き分科細目にあっては最大6個))

| 評定要素 | 項目 | 審査委員の数 |
|---|---|---|
| ①研究課題の学術的重要性・妥当性 | ・学術的に見て,推進すべき重要な研究課題であるか | ＊ |
| | ・研究構想や研究目的が具体的かつ明確に示されているか | ＊ |
| | ・応募額の規模に見合った研究上の意義が認められるか | |
| ②研究計画・方法の妥当性 | ・研究目的を達成するため,研究計画は十分練られたものになっているか | ＊＊ |
| | ・研究計画を遂行する上で,当初計画どおりに進まないときの対応など,多方面からの検討状況は考慮されているか | |
| | ・研究期間は妥当なものか | |
| | ・経費配分は妥当なものか | |
| | ・研究代表者が職務として行う研究,または別に行う研究がある場合には,その研究内容との関連性及び相違点が示されているか | |
| | ・公募の対象としていない以下のような研究計画に該当しないか<br>　a) 単に既製の研究機器の購入を目的とした研究計画<br>　b) 他の経費で措置されるのがふさわしい大型研究装置等の製作を目的とする研究計画<br>　c) 商品・役務の開発・販売等を直接の目的とする研究計画(商品・役務の開発・販売等に係る市場動向調査を含む。)<br>　d) 業として行う受託研究 | |
| | ・研究計画最終年度前年度の応募研究課題については,研究が当初計画どおり順調に推進された上で,その成果が今回再構築された研究計画に十分生かされているか。また,今回応募された研究を推進することによって,格段の研究発展が見込まれるものであるか | |
| ③研究課題の独創性及び革新性 | ・研究対象,研究手法やもたらされる研究成果等について,独創性や革新性が認められるか | |

| | | |
|---|---|---|
| ④研究課題の波及効果及び普遍性 | ・当該研究分野もしくは関連研究分野の進展に対する大きな貢献，新しい学問分野の開拓等，学術的な波及効果が期待できるか | |
| | ・科学技術，産業，文化など，幅広い意味で社会に与えるインパクト・貢献が期待できるか | ＊ |
| ⑤研究遂行能力及び研究環境の適切性 | ・これまでに受けた研究費とその研究成果を評価し，これまでの研究業績等から見て，研究計画に対する高い遂行能力を有していると判断できるか | |
| | ・複数の研究者で研究組織を構成する研究課題にあっては，組織全体としての研究遂行能力は充分に高いか，また各研究分担者は十分大きな役割を果たすと期待されるか | |
| | ・研究計画の遂行に必要な研究施設・設備・研究資料等，研究環境は整っているか | |
| | ・研究課題の成果を社会・国民に発信する方法等は考慮されているか | |
| ⑥研究計画と研究進捗評価を受けた研究課題の関連性 | ・研究進捗評価結果を踏まえ，更に発展することが期待できるものとなっているか | （該当なし） |

　研究課題，研究構想，研究目的，研究計画いずれにおいても厳しい評価であり，準備不足が明らかである。ただし，研究者としての実力があることは評価されたのだから，捲土重来を期して初心から検討すれば，次回は絶対採択されると積極的にこの評価を受け止めるべき内容であろう。

　こうした評価に対しては，もう少しで採択ラインに近づくのだと繰り返し自らに言い聞かせ，決して自信を無くすことなく，特に先行する研究内容と今回申請する研究との違い，研究課題の重要性，研究構想と研究目的の具体性・明確性，研究計画の妥当性について時間をかけ，再検討していただきたい。共同研究者と一緒に検討する場合においては，この共同研究者の意見から目を開かせられることもある。

　大切なことは自分の思いだけを優先することなく，自らが審査委員の立場に立って評価することである。自分の至らないところに気が付いた時点で，すでにゴールの手前まで近づいていることが実感でき，その後のヤル気が急速に高まってくることは間違いない。

(2) 不採択順位評価「C」の評価書のチェック

〈事例2〉「基盤（C）一般」評価書

記

**1. 応募細目における採択されなかった研究課題全体の中でのあなたのおおよその順位**

あなたのおおよその順位は「C」でした。

（参考1）おおよその順位

| A | 応募細目における採択されなかった研究課題全体の中で、上位20%に位置していた |
|---|---|
| B | 応募細目における採択されなかった研究課題全体の中で、上位21%〜50%に位置していた |
| C | 応募細目における採択されなかった研究課題全体の中で、上位50%に至らなかった |

**2. 書面審査等における評価結果**

第1段審査の各評定要素については、4段階の絶対評価（①〜⑤の評定要素については「参考2」の評定基準参照、⑥の評定要素については「参考3」の評定基準参照）により審査を行っています。あなたの評定要素毎の審査結果は次のとおりでした。

**(1)【評定要素ごとの結果】**

あなたの研究課題の平均点及び当該細目において採択された研究課題の平均点

| 評定要素 | あなたの平均点 | 採択課題の平均点 |
|---|---|---|
| ①研究課題の学術的重要性・妥当性 | 2.50 | 3.39 |
| ②研究計画・方法の妥当性 | 2.25 | 3.09 |
| ③研究課題の独創性及び革新性 | 2.75 | 3.17 |
| ④研究課題の波及効果及び普遍性 | 2.50 | 3.17 |
| ⑤研究遂行能力及び研究環境の適切性 | 2.25 | 3.33 |
| ⑥研究計画と研究進捗評価を受けた研究課題の関連性 | （該当なし） | （該当なし） |

※当該細目に採択課題が無い場合は、採択課題の平均点は「0.00」と表示されます。

（参考2）①～⑤の評定基準

| 評点区分 | 評 定 基 準 |
|---|---|
| 4 | 優れている |
| 3 | 良好である |
| 2 | やや不十分である |
| 1 | 不十分である |

（参考3）⑥の評定基準

| 評点区分 | 評 定 基 準 |
|---|---|
| 4 | 更に格段の発展が期待できる |
| 3 | 更に発展が期待できる |
| 2 | 更なる発展はあまり期待できない |
| 1 | 更なる発展はほとんど期待できない |
| － | 研究進捗評価を受けた研究課題との関連性はない別個の研究課題である |

**(2)【審査の際「2（やや不十分である）」又は「1（不十分である）」と判断した項目（所見）】**

　評点「2（やや不十分である）」又は「1（不十分である）」が付された評定要素については、そのように評価した審査委員の数を項目ごとに「＊」で示しています。（最大4個（時限付き分科細目にあっては最大6個））

| 評定要素 | 項　目 | 審査委員の数 |
|---|---|---|
| ①研究課題の学術的重要性・妥当性 | ・学術的に見て、推進すべき重要な研究課題であるか | ＊ |
| | ・研究構想や研究目的が具体的かつ明確に示されているか | ＊＊ |
| | ・応募額の規模に見合った研究上の意義が認められるか | |
| ②研究計画・方法の妥当性 | ・研究目的を達成するため、研究計画は十分練られたものになっているか | ＊＊＊ |
| | ・研究計画を遂行する上で、当初計画どおりに進まないときの対応など、多方面からの検討状況は考慮されているか | ＊＊＊ |
| | ・研究期間は妥当なものか | ＊ |
| | ・経費配分は妥当なものか | |
| | ・研究代表者が職務として行う研究、または別に行う研究がある場合には、その研究内容との関連性及び相違点が示されているか | |
| | ・公募の対象としていない以下のような研究計画に該当しないか<br>　a) 単に既製の研究機器の購入を目的とした研究計画 | |

第4章　不採択申請書の実例分析から採択への道へ　103

| | | |
|---|---|---|
| | b）他の経費で措置されるのがふさわしい大型研究装置等の製作を目的とする研究計画<br>c）商品・役務の開発・販売等を直接の目的とする研究計画（商品・役務の開発・販売等に係る市場動向調査を含む。）<br>d）業として行う受託研究 | |
| | ・研究計画最終年度前年度の応募研究課題については、研究が当初計画どおり順調に推進された上で、その成果が今回再構築された研究計画に十分生かされているか。また、今回応募された研究を推進することによって、格段の研究発展が見込まれるものであるか | |
| ③研究課題の独創性及び革新性 | ・研究対象、研究手法やもたらされる研究成果等について、独創性や革新性が認められるか | ＊ |
| ④研究課題の波及効果及び普遍性 | ・当該研究分野もしくは関連研究分野の進展に対する大きな貢献、新しい学問分野の開拓等、学術的な波及効果が期待できるか | ＊ |
| | ・科学技術、産業、文化など、幅広い意味で社会に与えるインパクト・貢献が期待できるか | ＊＊ |
| ⑤研究遂行能力及び研究環境の適切性 | ・これまでに受けた研究費とその研究成果を評価し、これまでの研究業績等から見て、研究計画に対する高い遂行能力を有していると判断できるか | ＊＊＊ |
| | ・複数の研究者で研究組織を構成する研究課題にあっては、組織全体としての研究遂行能力は充分に高いか、また各研究分担者は十分大きな役割を果たすと期待されるか | |
| | ・研究計画の遂行に必要な研究施設・設備・研究資料等、研究環境は整っているか | |
| | ・研究課題の成果を社会・国民に発信する方法等は考慮されているか | |
| ⑥研究計画と研究進捗評価を受けた研究課題の関連性 | ・研究進捗評価結果を踏まえ、更に発展することが期待できるものとなっているか | （該当なし） |

※審査の際「2（やや不十分である）」又は「1（不十分である）」を付した審査委員がいない場合、「＊」は表示されません。
3．その他の評価項目の評定結果
　　研究経費の妥当性について
　　　①「研究計画の内容から判断し、充足率を低くすることが望ましい」と評定した審査委員はいませんでした。
　　　②「研究経費の内容に問題がある」と評定した審査委員はいませんでした。
4．留意事項
　　人権の保護及び法令等の遵守を必要とする研究課題の適切性について
　　　「法令遵守等の手続き・対策等に不十分な点が見受けられる」と指摘した審査委員はいませんでした。

**考え方のチェックとして，以下の点が重要である。**
ⅰ）自分の研究の位置づけを確認するとともに，審査委員が何名，どの「評定要素」に低い評価を付けたか分析し，次年度の対策を考える。自分の研究の位置づけが比較的高いときには，個人研究でのチャレンジを考え，あまり高くないときには，グループ研究に参加し，業績を積み重ねるという戦略も重要になる。
ⅱ）6項目の評価から，自分の書き方の得意分野と不得意分野を明確に意識し，特に，自身の一番の不得意分野について謙虚に受け止め，A評価のレベルに引き上げるための方策を考えるべきである。
ⅲ）自分の弱点を長所に変えるには，一人ではなかなか困難であり，その為には採択経験者から徹底した指導を受けるのが一番である。
ⅳ）科研費を絶対取得するという強い意欲を持った研究者なら，あきらめず地道な努力を続ければ，科研費を取得するのは可能である。

自分の弱点を長所に変えるのは，一人ではなかなか困難であり，採択経験者から考え方，書き方についての徹底した指導を受けるのが一番である。

## Column  FAQ 2

**Q. 大学院・研究室を選ぶときの条件は何でしょうか。**

A. 研究費の見地から考えると，今まで研究資金を多く獲得しているところの大学院や研究室を選ぶ方が有利です。研究資金を獲得していれば，研究室には獲得に関してのノウハウの蓄積があります。先輩や教授に申請書の書き方を教わったり，自分の書いたものをチェックしてもらったりすることで，研究費を獲得できる可能性が高くなります。

　ただし，獲得研究費の額にかかわらず，新しい視点からの独自性の高い研究が推進されている研究室や若い人たちを伸ばそうと努力している研究室があることも忘れてはなりません。

　もしあまり獲得実績のない研究室で研究費の獲得を目指す場合は，自分自身独創性のある優れた研究を目指すとともに，他組織に相談できるメンターを見つけることも必要です。

　研究資金獲得に際しては実績も見るので，英語論文を多く書いて業績を挙げることのできるグローバル・メンターも重要です。その分野での一流雑誌に掲載された実績のある研究者や教授がいる研究室をホームページなどでチェックしてみてください。共同研究者になってくれればなお心強いでしょう。


## Column  FAQ 3

**Q. 研究資金を取るのはコネが必要なのでしょうか。**

A.「うちは（うちの教授は）コネがないから研究費は取れない……」という嘆きがときどき聞かれますが，コネは関係ありません。多くの研究資金制度では優れた工夫が施され，公平性高く審査されています。筆者がアドバイスした経験の中でも，よく計画が練られ，推敲されていて，「これは受かる」と思った申請書はほとんど採択されています。逆もそのとおりです。コネというより，申請書の書き方をノウハウとして教授が持っていると，それをポスドクや院生に教えられるので，結果的に研究資金の獲得につながることが多いのです。研究資金が取れているところと取れていないところの差が大きいので，「コネ」が必要と誤解されることがありますが，情報量や質の差が主な原因でしょう。この本はその情報格差を埋めるための本です。ただ，学会やその他の場で，研究活動が認められることが好印象や高評価，インパクトにつながることもありますので，上手に機会を活用しましょう。

## 書き方のチェックリスト

〈ポイント1〉 「挑戦的」と「萌芽」の二重の研究的要素があることを踏まえて書かなければならない。誰にもその研究的発想がわかるように，専門用語を使いながら，しかし平易な文章で丁寧に書くことが必要である。

〈ポイント2〉 研究の発想のつぼは，常に取り組んでいる研究が他にも応用できないかと考えてみることである。研究目的に着想の経緯とどこが新たな取り組みで，新たな分野の創造につながるかを明記することである。

〈ポイント3〉 冒頭に「本研究の斬新なアイディアやチャレンジ性」，「新しい方法論の提案」，「成功した場合の成果への期待」などと表題を付けて書けば，斬新性がどこにあり，チャレンジ性とはどういうことかが鮮明に見えてくる。
文章表現では分かりにくいことは，箇条書きにしたりアンダーラインや強調文字にすることも効果的な方法である。

〈ポイント4〉 「人権の保護及び法令等の遵守への対応」では，研究内容に記述されている研究手法上に必要となる事柄に対する人権保護・法令順守の必要性を書き忘れていないかをチェックして漏れがないよう万全を期すことが大切である。

〈ポイント5〉 「研究内容の相違点及び他の研究費に加えて本応募研究課題に応募する理由」では，明らかな「相違点」，「応募の必要の理由」を具体的かつ簡潔に記述すること。

〈ポイント6〉 「萌芽」では，これまでにないことを研究テーマとして取り組むため，誰もがわかっているはずと思わず丁寧に説明することが重要であり，申請する分野では，常識として誰もが知っていると思わずに書くことがコツである。

〈ポイント7〉 申請書では，言いたいことを十分に力説することが必要であり，特に挑戦的萌芽研究であるというチャレンジ性が伝わってこない書き方をすべきではない。

〈ポイント8〉 自分の弱点を長所に変えるのは，一人ではなかなか困難であり，採択経験者から考え方，書き方についての徹底した指導を受けるのが一番である。

# 第5章 異分野融合型研究による研究資金を獲得するための基本的考え方

　本章では，科研費ではなく，既に募集も終了した制度について説明を行うが，科研費において，融合的・学際的な細目（複合領域，総合人文社会等）もある。また，融合的・学際的分野の細目でなくても，近年の学術の学際化の潮流にかんがみ，重要と考え記述する。

## 第1節 ❖ 人文・社会科学系から自然科学系への接近における基本的考え方

### 1. 制度の発展

　近年，科研費においてもその他の研究資金においても，異分野との連携型の研究が進められるようになってきた。そうした異分野融合型となる科研費の申請にあたって，優れた研究計画を立てるために，まず，平成21年度から始まり，24年度に募集を終了した制度の経緯を見ることによって，異分野融合型制度の趣旨を理解していただきたい。

　本制度の先駆けは，（独）日本学術振興会（JSPS）により人文・社会科学における課題設定型研究推進事業が公募されることになったことを契機とする。その後，以下に示すとおり，5つの事業において順次発展し，最終的に現在の形に統合されることとなる。

①「1-（1）人文・社会科学振興プロジェクト研究事業」（平成15～20年）
　この事業は，現代社会において人類が直面している問題の解明とその対処のため，人文・社会科学を中心とした各分野の研究者が協働して，学際的・学融合的に取り組む「課題設定型プロジェクト研究」を推進することを目的としている。

②「2-（1）政策や社会の要請に対応した人文・社会科学研究推進事業として，世界を対象としたニーズ対応型地域研究推進事業」（平成18～22年）
　この事業は，今後，我が国が人的交流や国際貢献を進めるために必要な政策的・社会的ニーズに基づくプロジェクト研究の実施を目的としたものである。

③「2-（2）近未来の課題解決を目指した実証的社会科学研究推進事業」（平成20～24年）
　この事業は，様々な機関等により集積されたデータを活用した経済・社会の分析など，実証

的な研究方法に基づくとともに，その研究成果を課題解決のための選択肢として社会へ発信することを目指した社会科学のプロジェクト研究を実施することにより，「経済・社会の活性化」と「社会の安全・安心」の両立を視野に入れた「国民の生活と福祉の向上」に資することを目的とするものである。

④「2－(3)　国際共同に基づく日本研究推進事業」（平成22～24年）

　この事業は，諸外国における日本理解の基盤である「日本研究」の機会を確保する観点から，国際共同研究を目的としていた。

⑤「1－(2)　異分野融合による方法的革新を目指した人文・社会科学研究推進事業」（平成21～23年）

　この事業は，「異なる分野の知見や方法論を取り入れた人文・社会科学における『異分野融合型共同研究』を推進することにより，人文・社会科学研究の新たな展開と発展に資することを目指す」研究であった。

　これら5つの事業が人文・社会科学分野に対する新たな研究を促す研究資金となった。中でも異彩を放つのは，⑤「1－(2) 異分野融合による方法的革新を目指した人文・社会科学研究推進事業」（平成21～23年）であり，「異分野融合型研究」を促進させる極めて重要な原動力となった。

　現在では，自然科学系，人文・社会科学系を問わず「異分野融合型研究」が奨励される趨勢になってきたが，それは，以上の制度趣旨の変遷からも明らかなように，

　「どちらか一方の分野のみでは解決されない社会課題を双方の知見と方法論を融合することで解決策を見出す必要が生じてきたため」であり，多様な角度で俯瞰的に見ると，双方からの知的触発や相互連携によるシナジー効果は科学的・社会的価値を創出している。

　まさしく今日の社会状況・社会問題が生み出した新たな研究分野といえる。

## 2．異分野融合型研究の特徴

　異分野融合型研究の特徴は，「研究対象に関して，多分野が連携して課題の設定や方法論に継続的に改良を加えることによって，予想外の飛躍をもたらす研究領域・研究分野に関して，通常は近いと考えられていない領域も含めた連携によって，ブレイクスルーを可能にする」研究領域という設定であった。

　これが，現在の異分野による共同研究の基本的な考え方にもなっていて，異分野融合型の研究を始めようとする際には，必ずこの基本を踏まえるべきである。

>  異分野融合型研究においては，異分野との融合による研究によりブレイクスルーを可能にする画期的な成果出現が期待されることを強烈にアピールすることが必要である。

### 3. 進捗評価と継続

　この事業で採択された研究の成果は，3年間の研究終了時に日本学術振興会により評価され，その結果が「進捗評価結果」として公表される。評価区分は，以下に示すA，B，Cの3ランクである。

　いかなる事業に申請する場合であっても，こうした評価を受ける場合においては，自分は必ず，Aランクをとるのだという意気込みでチャレンジしていただきたい。

〈評価基準〉

| | |
|---|---|
| A | 研究期間の延長により，優れた進展が期待できる |
| B | 一層の努力を要するが，研究期間の延長により，今後の進展が期待できる |
| C | 研究期間を延長しても，十分な進展は期待できない |

※異分野融合の場合による方法的革新を目指した人文・社会学研究推進事業，評価要領（最終評価平成25年度）による

評価にあたっての着目点として研究の進展状況が，

- 本事業の趣旨及び研究目的に沿って着実に研究が進展しているか。
- 学術的に高い水準が確保されているか。
- 採択時に付された意見が適切に反映されているか。
- 今後の研究推進上問題となる点はないか（適切な対応策が講じられているか）

ということが問われる。

　この事業開始初年度に応募した著者の異分野融合型研究『自然災害の被災と被災後の「二重の生活危機」を最小化する災害弱者のための地域防災研究』は，当初の研究終了時にA評価を受け，24年度以降も継続研究として2年間延長され，最終評価は最終年度（5年間の研究終了時）に実施された。

〈評価基準〉

| | |
|---|---|
| A | 事業の目的に照らして，期待以上の成果があった。 |
| B | 事業の目的に照らして，十分な成果があった。 |
| C | 事業の目的に照らして，相応の成果があった。 |
| D | 事業の目的に照らして，相応の成果があったとは言い難い。 |
| E | 成果がなかった。 |

※異分野融合の場合による方法的革新を目指した人文・社会学研究推進事業，評価要領（最終評価平成25年度）による

　最終評価は最終年度（5年間の研究終了後）にA，B，C，D，Eの5段階評価により実施される。研究終了後には，こうした評価が行われるということも見据えたうえでの研究計画を考えておくということも忘れないようにしたい。

　なお，この5分野の事業は，平成24年度より「課題設定による先導的人文・社会科学研究推進事業」として統合されている。

## 第 2 節 ❖ 課題解決に向けた異分野業績への強い関心と最適なパートナー発見

　異分野融合研究はこれまで学際的研究（interdisciplinary research）として 20 世紀の代表的な研究志向を表すものとして注目されてきた。

　世界的に学際的研究に関心がもたれ始め，わが国にも広がりを見せてきたのが 1970 年代である。このように長い歴史を有するにもかかわらず，従来の専門分化した研究領域のみによる研究から学問領域が隣接する複数分野の研究者による研究体制の構築を行うことは必ずしも容易ではなく，実際にはなかなか進展してこなかった。

　しかし，学問の進展に伴い学術分野の細分化と社会的課題の解決型研究が進めば，自然な帰結として，単一の分野にとどまる研究のみでの完結は困難となる。特に，課題解決型のように研究期間を限定したプロジェクト研究として取り組むことになれば異分野融合型研究への志向や俯瞰的・統合的な取組は必然である。

　近年，エネルギー・食糧・衛生などに関連した自然環境や社会状況の変化が，過去に前例のないほどの深刻かつ広範囲な影響をもたらしている。また，多くの人間行動・社会現象が，自然環境・自然現象の変化と相まって要因を複雑に絡ませあい，連関させている。さらに，コンピューター技術の高度化の進展でデータ集積の大容量化が可能になり，ビッグデータの分析・統合の必要性がこれまで以上に高まっている。このような中で，従来の分野のみでは解決できない課題を急速に解決すべきという課題認識は，さらに学際研究を一層加速させ，今や研究の主流は，複数領域・分野の発想に基づく学際研究＝異分野融合型研究，異分野連携型研究になってきつつある。

　自分の研究領域にとどまらず，隣接領域へも視野を広げて最適の研究パートナーとともに研究することによって，新たな研究分野創出の地平が見えてくる。

書き方のポイント2 　選考の趣旨に合致した画期的な研究成果を生み出すにふさわしい異分野における最適の研究パートナー発見こそが研究構想発展への第 1 歩である。

## 第3節 ❖「異分野融合研究」申請書作成のポイント

### 1. 採択申請書からみた課題の設定方法

　以下では，事例として〈異分野融合による方法的革新を目指した人文・社会科学研究推進事業（平成21～23年）〉に採択された筆者の研究（以下，「本研究」という）を基にして解説を進めることにする。

　本研究は，社会科学分野（社会福祉学）と理学，工学，医学の連携による3年間の研究として申請した，異分野融合による方法的革新を目指した人文・社会科学研究推進事業（平成21～23年）である。さらに，本研究はその後3年の研究を終了して，研究評価を受け，追加申請の機会を得て，2年間の研究申請が採択されたために，更に研究を継続実施し，合計5年間の研究を行った。その「研究課題」は，次のとおりである。

『自然災害の被災と被災後の「二重の生活危機」を最小化する災害弱者のための地域防災研究』

　この「研究課題」の設定までのプロセスをたどってみよう。

　(1) 仮の課題設定からスタートする

　課題研究構想の段階は，仮の課題を設定し，それに反映されて研究計画は作られていく。したがって，当初の研究計画は，その仮の課題により構築していくことになる。ただし，その仮の課題にはこだわらないことである。仮の課題は，構想の進展に従い何度も自由に変更して行ってよい。

　本来，研究構想は，自由なものであり，特にミクロな分野を直視したときには無限に広がっていく。したがって，最終的な「研究課題」の設定は，構想の段階から5～10回ほどを考えておき，研究計画書の最終段階で決定すれば，科研費が採択されると確信が持てるような課題に発展していくものである。

書き方の
ポイント
3

最初に研究課題を設定する時期は，研究構想の段階であり，ここでは仮の研究課題を設定し，最終的な決定は，研究計画書作成の最終段階に行う。

(2) 人が共感し納得する研究課題設定を考える

　では，研究課題がいろいろと変遷を重ねていったあと，最終的な研究課題を決定する段階において，何に気を付ければよいのか。

　これについては，上記に示した本研究の研究課題を見て参考にしていただきたい。

　2016年の今であれば，平成23（2011）年の大震災やその後の自然災害を経験したことによって，『自然災害の被災と被災後の「二重の生活危機」を最小化する災害弱者のための地域防災研究』は，わが国において決して目新しい研究課題ではない。しかし，この研究課題の申請時期は，平成21（2009）年であり，東日本大震災をまだ経験していない時期である。

　そうした時期において，本研究の研究課題のキーワードは，「自然災害の被災と被災後」，「二重の生活危機を最小化」，「災害弱者」という先進性がある課題になっている。

　その当時は「被災と被災後」に着目した研究はほとんどなく，ましてや「二重の生活危機」という発想は皆無に等しかった。

　このように，新しい概念や構想を創出する学術的研究課題であるということを，キーワードを用いて明確に伝えることが望ましい。

　社会福祉分野では，「生活危機」という用語は，決して特異な言葉ではなく，「二重の生活危機」も特に目新しいわけではない。しかし，自然科学領域では，「二重の生活危機」は聞き慣れない言葉であり，この用語を用いることで，審査委員にいったいどのようなことであろうかという興味を抱かせる。また，この言葉は，災害科学という自然科学領域の課題を，被災者の生活を軸に解決していこうとする異分野融合型の研究課題としての方向性を明確に伝える役割を果たしている。

　審査委員から注目される申請書（論文）であるためには，その研究課題・研究の方向性が研究課題から明確に伝わってくるものでなくてはならない。

　そのために仮の研究課題からスタートし，その後，研究構想を幾度も練り上げていく中で，研究課題も幾つも考え直し，最後に研究内容を表わす研究課題を決定するということになる。

　書き方の
　ポイント
　　4
　　　　　最終研究課題の設定においては，明確に人（審査委員）の心に訴えるキーワードが必要である。

## 2.「異分野融合を図る研究分野」の設定方法

(1) 研究分野は，研究代表者の研究分野を中心とする

　研究分野は研究代表者がよって立つ専門領域を中心として決定する。筆者の専攻は社会福祉学であるので，本研究においては，基礎となる学問・研究分野は人文・社会科学領域の「社会福祉学」となった。人文社会科学の分野のみでは解決できない社会課題を自然科学分野の知見・技術の成果を応用し，更に両方の多様な分野の研究力を結集して本課題に取り組むことになる。このため総ての分担研究者に研究課題と研究内容を覚知してもらう必要がある。

　異分野融合を図る研究分野の中の主たる研究分野は，研究代表者の研究分野とする。

(2) 分担研究者への声掛けは，研究計画ができてから行う

　研究計画は研究代表者が，分担研究者に参加を呼びかける前に，自分自身でまず組み立てておくことが肝要である。

　そして，それに沿って研究が進行するよう基礎（核）となる同じ分野の研究者を分担研究者として協力を要請する。

　研究プロジェクトチームを組織するために，まず，同一分野の研究者に声をかける。その際，同じ研究・教育機関所属の研究者とはチームを組みやすい。しかし，研究より人間関係であれこれ迷うことも常である。特に，人文社会系の研究者は，人間関係を科学する分野であるために，人間的なつながりを重視し，それが研究組織の構成に影響することが多々ある。

　しかし，自分で設定した研究課題に最適と思われる研究者を選ばねばならない。研究は人間関係ではないということを銘記すべきである。「人間関係重視の研究」はいつか破たんする。

　研究計画は研究代表者が，分担研究者に参加を呼びかける前に，自分自身でまず組み立てておく。

参加を呼び掛ける共同研究者の選択基準は，研究課題に最適な研究者とすべきで，絶対に仲良しグループだけで形成しないよう心がける。

(3) 他分野との融合において目標とする研究成果は簡単に変更しない

　研究分野は誰の研究分野を主にするかにより研究チームを組むことを考えることになる。基礎となる研究分野は，先に述べたように「研究代表者自身の専門研究分野」であり，それ以外にはないのである。

　そして，次に，融合を図ろうとする他分野を特定することになる。この場合，考えることは，研究代表者が，研究構想（研究デザイン）の段階から予め融合を図ろうと設定しておいた他分野の研究者に共同研究の要請をすることである。その際，他分野から様々な意見や要望が噴出することもあるが，それを「傾聴」し，「受容」し，「研究の見通し」が揺るがず，そして最終的には自身で「決定する」ということになる。これを踏まえておかなければ，研究は頓挫することにもなろうし，順調に運ばないことにもなる危険性もある。

 当初に明確化した研究成果は，簡単に揺るがせにしない。研究代表者あるいは研究課題設定の中心者は，当該研究の必要性，重要性に確信をもって当たる。

(4) 融合を図る研究分野の選定基準

　研究代表者は，「信念をもつ主体的な考えと判断と責任を引き受ける」存在でもある。

　研究の着手時に研究成果が明確化していないものは研究とはいえないのである。したがって，融合を図ろうとする分野の選定基準を，

　① 研究目的に沿って確実に研究が進展していくか，

　② 研究水準が目的とする課題に取り組む水準にあるか，

　③ 研究進行の過程において問題となる要因はないか，もしあった場合は適切な対応ができるか，

　そして最も重要なことは，

　④ 参加した研究者が研究チームの一員として有機的な連携をもって研究を進めることがで

きるか,
ということを考慮しながら研究目的を達成するにふさわしい組織としなければならない。

本研究は,「災害時要援護者（災害弱者）」の生活に着目した研究であり, 社会福祉学を基礎分野とし, その融合しようとする分野は, 自然災害科学, 工学（都市工学, 建築学）, 知能情報学, 地理学, 医学（救急医学）であった。

連携・融合して5年間の研究を遂行した本研究チームは, 多くの研究者が同一大学であったということもあり, 5年間の研究機関を終了したのちも, 本研究を基礎として, 他大学との連携で, 3つのチームを組みながら継続的に国内外に研究テーマを拡大化しつつ研究を実施している。

そして, このような研究の発展性が, 実は本研究費の目指す目標にもなっている。このように,

(5) 継続性・発展性の観点から融合を図る研究分野を選択することも, 研究分野の選択基準の一つとなる。

異分野融合型研究の場合の構成分野数はもちろんのこと, 研究者の人数も決まっているわけではないが, 15-20名程度を目安とするのもよいだろう。あくまでも研究目的・内容に基づく適切な分野・研究者数を心がけるべきである。

融合を図る研究分野の選定基準は,
① 研究目的達成のための研究進展の確実性
② 研究目的達成のための研究水準の維持
③ 研究目的達成のための問題の有無, その解決可能性
④ 参加研究者が研究チームの一員として有機的な連携協力者
⑤ 以後の研究発展の可能期待性, である。

## 第4節 ❖ 研究構想から「研究計画」の書き方の手順

### 1. 研究計画作成前のポイント

(1) 研究の着想と研究の目的

研究計画を作成するにあたっては，

① 国内外の研究動向や学術的背景および本研究の着想に至った経緯

② それを踏まえた研究の目的

③ 研究期間内において実施する研究方法，年度単位で実施する研究の詳細な計画

④ 実施する研究において想定される成果および波及効果

といった研究申請においては必ず求められる事項をまず，用意しておくことが基本となる。

①では，研究の動向からその研究において異分野融合での研究を着想したきっかけ・経緯を盛り込むことが肝要である。

例えば，本研究では，研究着想と研究目的について，以下のように記述している。

---

〈研究の着想と研究の目的〉

　近年，多発する自然災害は，地域の災害時要援護者・介護施設利用高齢者（災害弱者）等をいかに守り，いかに被災後の生活復帰を図るかの課題を顕在化させた。自然災害科学の研究成果は，防災・減災に多大の貢献をしているが，災害弱者の視点は十分ではなく，人文・社会系による防災研究も自然災害研究の成果が応用される段階に達していない。災害救助・災害医療研究も医療中心で必ずしも（中略）

　本研究の目的は，災害弱者の被災と被災後の生活復興のために生活危機を最小化するという視点から，生活地の災害リスク，災害危険情報，避難経路，防災アセスメント等の自然科学分野の研究方法や技術および被災者救助等に関する問題解決型の新たな防災研究方法を構築することにある。（中略）

---

研究の着想と研究目的の記述で大切なことは，申請する研究の着眼点がこれまでにないものであるかということ，研究方法（手法）がこれまでにないものであり，異分野融合研究でなければ達成できないものであるかという点にある。しかもその手法を取り入れるのは「課題」を解決するためだからであるという論拠が必要なのである。

---

研究の着想と研究目的においては，課題解決の着眼点と方法に新規性があり，異分野融合必要性の明確な論拠を具体的に明示する。

---

(2) 研究の目的・意義 – 着想発生から目的設定への経緯

「② 研究の目的」では，特に，どのような課題に対してどこまで何を実施するのかを明確に書かなければならない。

また，取り組む研究の意義と目的として，どのような知見・研究成果の創出により学問・研究分野の転換を目指すのかを記述しなければならない。

その際，本研究では，以下のように，まず異分野融合研究により研究成果をあげることができることを強調している。そして3年間の研究内容を詳述し，研究テーマにある，被災によってもたらされる「二重の生活危機」を解決するいわば問題解決型研究としての意義を位置づけている。

---

〈研究の目的・意義〉
　自然災害の被災と被災後の「二重の生活危機」を最小化する災害弱者のための地域防災研究は，社会科学分野と自然科学分野の研究を機能的に融合して行うことによって，以下のような研究成果をもたらす。
　近年，多発する自然災害による被災の増加は（中略）
（中略）被災は大きな心身，経済，社会的課題をもたらし，被災後の生活復興との「二重の生活危機」をもたらす。（中略）

---

このように当時の自然災害研究における「被害発生のメカニズムを自然科学的な分析方法で解明する」という傾向から，「人中心（被災者中心）の災害（防災・減災）研究の必要性を社会福祉学の視点から」といった発想に及んだことを記述することで審査委員に強い印象を与えたと思う。

しかし，このとき注意すべきことは，単なる思いつきの発想ではなく，着想に至るための関連研究にすでに着手しているか，もしくは類似の研究成果を得ているといったことがより研究申請の動機を強固にすることはいうまでもない。

---

 研究の着想は単なる思い付きでなく，過去の研究成果から生まれたものでなければならない。

(3) 問題解決に果たす異分野からの異なる視点

取り組もうとしている課題は真に課題足りうるのかという自らへの問いかけも必要である。それがなければ課題の本質に迫ることはできない。

筆者のそれまでの研究においては，社会福祉学の視点・発想による「被災者の生活再建・復興」を「現実の生活」を通して実践的研究を行ってきていた。

しかし，今にして思えば，こうした実践的研究の中で，調査やシミュレーション等を通して理論的検証を行う基礎的理論研究があってもよかったとも考える。したがって，実験・実践的研究の拠り所となる理論研究を軸にした実践的研究といったことが考えられるし，さらに実践研究の中では経済政策・制度論に及ぶ研究があってもよいだろう。

ここで心すべきは，異分野融合型の研究であるために，研究の目的では，研究構想の段階で決定した異なる研究分野による研究の必要性を強調しながら記載することである。

ただし，異分野融合型研究では，融合しようとする分野の数だけの異なる視点があり，研究方法の絞りこみを行う中では，あくまでも着想からどのように研究を展開するかを鳥瞰したうえで，それぞれの異なる複数の視点から捉えられた研究目的を設定するということを忘れてはならない。

**書き方のポイント 12** 研究目的の記述においては，それぞれの異分野融合の必要性を明確に認識させる表現とする。

## 2. 研究計画を書くポイント

(1) 研究項目の明確性

研究計画は，全体計画に従って分野ごとの研究計画を作成しなければならないが，まずは研究項目を明確に研究内容がわかるよう，わかりやすく記述することが肝要である。

(2) 研究方法（手法・アプローチ）

次に，研究期間内において実施する研究方法を記述するに当たっては，何を，どのような方法（手法）を用いて，どのような知見を創出しようとするのかを具体的に書かなければならない。

これは重要なポイントであり，これまでの研究過程と成果によって新たな研究発想が生まれたことの根拠づけを意味する。単なる独りよがりの発想ではなく，これまでの研究を基にした発想であるからこそ，新たな研究によって新たな知見が創出されるということを読み手に訴えることができるのである。

〈研究方法（どのような手法，アプローチによるのか）〉
　自然科学領域の手法によりA市の平均高齢化率27％の地域及び50％以上の地域の土砂災害予測，水害・土砂災害統合型ハザードマップの作成……（中略）……介護保険施設の避難判断基準の作成，災害医療領域であるDMAT研修の実施と危機対応技術……（中略），……
　社会科学領域では全国の介護保険施設への災害準備・災害時対応，生活復興へのアンケート調査，面接調査（中略）の手法によって研究を実施する。
　「人（災害弱者）」を中心とした防災・減災研究であるために，それぞれのワーカビリティを重視し（中略）……

　本研究では，社会科学領域（社会福祉学他），工学領域（災害科学，情報・地理学，都市工学他），医学領域（災害医療・救急医療）と大きな分野区分をしつつ，それぞれの領域のメインとなる研究を具体的に記述した。それによりどのような知見が得られるかも類推することができよう。また，対象地域の特色も数値指標で示すとともに，各分野の専門用語も含んでいる。
　そして年度毎に分けて，具体的に何をどこまで行うかについて年度研究計画を記述することになる。

〈平成21年度〉
社会福祉学分野
1) 低平地水害，土砂災害高リスク，高・高齢化率地域で，介護保険施設が集中するA市を研究対象地域として設定，A市等関係機関への研究協力依頼する。
2) ミクロからマクロへのジェネラリスト・アプローチにより，地方都市高齢化現象，災害弱者の増加，救命・救助システムの整備といった社会状況の機序を災害史によって分類する。

社会福祉分野・工学分野
3) 災害弱者の被災と防災調査の悉皆調査を視野に，パイロット調査を開始し，過去の水害・土砂災害の被災経験者への半構造的インタビュー調査を実施し被災後の生活・生活復興モデル構築の基礎データを集積する。

工学分野
4) GISや情報通信に係る備品・機材を購入し，地域の高齢者および介護保険施設の調査結果を基礎データとして地図上に表示し，介護保険施設の安全性，被災リスクを明確化させるための体制を整備する。

医学分野
5) 平時と災害時の救急医療体制の仕組みと医学部において実施するDMAT研修の方法論と災害医療のあり方の検討を開始する。

〈平成22年度〉
1)
2)　　　　前年度の研究をもとに問題解決型研究としてさらに研究の深化を
3)　　　　図っていく研究計画を記述する。

4)
5)

〈平成22年度〉
1)
2)
3)　　研究テーマの課題を2年間でどの程度解決できる計画になっているかを再検討し，問題の解決と新たな知見，新たな研究分野の創出に貢献できるかどうかを念頭に最終年度の計画を立案する。
4)
5)

　研究方法の記述にあたっては，過去の研究実績をベースとした新たな発想と方法とを用いることで，新たな成果が生み出される可能性を期待させるものとする。

(3) 研究体制の適切性

　研究体制の適切性も研究計画を記述するうえで求められる。その際には，研究総括（研究代表者），グループリーダー（各研究分野），各研究分担者の具体的な役割を研究目的との関連性と必要性とを含めて記述しなければならない。

　研究メンバーの必要性に関しては，役割との関連で記述する場合，いずれの研究者も欠かせないということを強調する。

**8．研究実施体制の適切性**
　研究計画を遂行するための研究実施体制の適切性について，研究総括，グループリーダー及び研究分担者の具体的な役割，研究目的との関連性・必要性を含めて簡潔に記述して下さい。

　防災は，災害にもっとも弱い「人」が自分自身を守ることができてこそ，真の防災となる。そのための研究には，自然科学領域の防災研究の手や研究成果，技術を，同じ防災研究として社会的側面からまた被災者支援を扱う社会科学領域が応用あるいは共同で研究することができれば，その成果は飛躍的に進展し，「人」中心の研究となる。本研究の実施体制は，平成19年度〜20年度佐賀大学重点研究の一つに選定された「災害弱者のための地域安全総合研究」で異分野間での共同研究として所期の成果を収めている。この実績を基に，新たな視点から新たな手法で取り組もうとする本研究における研究実施体制は，最適の研究組織であるといえる。研究統括および災害弱者グループリーダーは，社会科学領域・社会福祉学の立場からの高齢者の危機管理，高齢者介護，災害弱者，防災研究を継続的に行ってきているため，災害弱者である在宅および施設の要介護高齢者の被災と被災後の生活課題を「人」中心とした生活困難アプローチにより研究を組織的に推進していく。災害・防災グループリーダーは，地理情報システム，「人と環境の都市」等の都市計画設計研究を継続的に行ってきており，情報通信技術，都市デザイン，地理研究の分野を組織化して研究を推進していく。災害救助グループ

リーダーは，わが国初の国立大学教員として国際災害救助を開拓した災害医療・救急医学を継続的に行ってきており，わが国では大学で行う唯一DMAT研修チームを組織化してきているところから，更なる研究の進展が期待される。本研究の課題である災害弱者の被災から避難，生活復興までの深刻な課題を最小限にするための研究過程のすべてにかかわりを持って研究ができるグループ構成となっており，いずれのグループのいずれの研究者も欠かせない必要な研究スタッフである。

　実際の申請書においても，研究実施体制の適切性として，本計画は実績のある共同研究からの発展であること，研究総括・災害弱者グループリーダーは，個別分野・融合分野での研究実績もあり，かつ，新たなアプローチにおいても研究を組織的に遂行する能力があることに言及している。また，災害・防災，災害救助の各グループリーダーのこれまでの実績と共同研究実施体制の組織化により，さらなる研究の進展が期待されること，最小不可欠のグループ編成であることを具体的かつ簡潔に記述している。

研究メンバーの業績を十分知ったうえで，それに相応しい役割を担当してもらうことで，成果が生まれる可能性についての説得力が付与される。

(4) 研究経費の妥当性・必要性

　異分野融合型の研究を行おうとする場合には，特に自然科学系では，実験装置・器具が欠かせないものであり，社会科学分野とは大きく異なるため，研究経費の使い方が問われることが多くなってきている。

> **9．研究経費の妥当性・必要性**
> 　研究規模，研究実施体制を踏まえ，「10．所要経費（見込）」に記入する研究経費の妥当性・必要性・積算根拠について簡潔に記述して下さい。
>
> 〈研究経費の妥当性〉
> 　本研究に要する経費は，主として①アンケート調査・フィールド調査，②地理情報システム，③情報通信システム，④DMAT 研修，⑤研究成果の公表に集約される。研究対象地域を佐賀県の県庁所在地である佐賀市を網羅しているために，標記の研究経費は最低限とされるものであり，妥当であると考えられる。
>
> 〈研究経費の必要性〉
> 　標記の経費の一部でもかければ，本研究の所期の目的である，人文・社会科学領域と自然科学領域との融合型研究は達成できず，防災研究には欠かせない研究経費である。
>
> 〈積算根拠〉
> 　本研究に関する研究経費の積算は，購入物品，印刷費等はすべて取り扱い事業者の見積もりに基づくものであり，研究成果の論文投稿・学会発表は学会規定によるものである。また旅費，謝礼等は佐賀大学の規定にその積算基礎を置くものである。

　費用対効果をどのように審査するかは，審査委員の価値観にもよるが，研究計画の実施に必須であり，かつ，最小限度の予算に抑えていることが重要である。また，積算根拠について，具体的に記述することも大事である。採択事例における経費の積算根拠についても参考にしていただきたい。

　研究規模と研究体制を見つめ，なお，研究費の妥当性・必要性を考慮し，単価基準など，その積算根拠を正確に説明することができる資金配分がなされなければならない。

　特に，限られた資金による限られた期間でのプロジェクト型研究において，本研究のように，高度の分析・解析を行う情報分野・地理学分野など費用のかかる分野との連携による研究となれば，あらかじめ，費用抑制のための対応を十分考えておくことが望ましい。

## 10. 所要経費（見込）

年度ごとに必要とする経費の見込額を記載して下さい。

| 内訳 | 平成21年度<br>4,818（千円） | 平成22年度 | 平成23年度 |
|---|---|---|---|
| 物品費 | ArcView（GISソフト）<br>50 × 8　　　　**400**<br>SpatialAnalyst（GISソフト）60 × 8　　**480**<br>NetworkAnalyst（GISソフト）60 × 8　　**480**<br>3DAnalyst（GISソフト）<br>60 × 8　　　　**480**<br>パソコン(解析・データベース用)300 × 2　　**600**<br>住宅地図　　　　　**140** | | |
| 旅費 | 災害救助訓練（DMAT研修）50 × 4　　**200**<br>研究成果の学会発表（日本老年社会学会，日本社会福祉学会）100 × 3　　**300** | | |
| 謝金等 | 専門的知識(災害救助)の供与 100 × 4　　**400**<br>研究補助(調査データ入力)<br>0.9 × 500　　　**450**<br>研究補助(GISデータ入力)<br>0.9 × 500　　　**450** | | |
| その他 | 調査票印刷費<br>0.2 × 2000　　　**400** | | |
| 事務管理費 | 438 | | |

**書き方のポイント 15**　研究経費は，研究成果を生み出すに十分でかつ必要なものであるとともに，「不合理な集中」や「過度の集中」がないように注意する。積算根拠も具体的に示す。

最後に，以下の，チェックポイントをもう一度確認してみる。

## 書き方のチェックリスト

〈ポイント1〉 異分野融合型研究においては，異分野との融合による研究によりブレイクスルーを可能にする画期的な成果出現が期待されることを強烈にアピールすることが必要である。

〈ポイント2〉 選考の趣旨に合致した画期的な研究成果を生み出すにふさわしい異分野における最適の研究パートナー発見こそが研究構想発展への第1歩である。

〈ポイント3〉 最初に研究課題を設定する時期は，研究構想の段階であり，ここでは仮の研究課題を設定し，最終的な決定は，研究計画書作成の最終段階に行う。

〈ポイント4〉 最終研究課題の設定においては，明確に人（審査委員）の心に訴えるキーワードが必要である。

〈ポイント5〉 異分野融合を図る研究分野の中の主たる研究分野は，研究代表者の研究分野とする。

〈ポイント6〉 研究計画は研究代表者が，分担研究者に参加を呼びかける前に，自分自身でまず組み立てておく。

〈ポイント7〉 参加を呼び掛ける共同研究者の選択基準は，研究課題に最適な研究者とすべきで，絶対に仲良しグループだけで形成しないよう心がける。

〈ポイント8〉 当初に明確化した研究成果は，簡単に揺るがせにしない。研究代表者あるいは研究課題設定の中心者は，当該研究の必要性，重要性に確信をもって当たる。

〈ポイント9〉 融合を図る研究分野の選定基準は，
① 研究目的達成のための研究進展の確実性
② 研究目的達成のための研究水準の維持
③ 研究目的達成のための問題の有無，その解決可能性
④ 参加研究者が研究チームの一員として有機的な連携協力者
⑤ 以後の研究発展の可能期待性，である。

〈ポイント10〉 研究の着想と研究目的においては，課題解決の着眼点と方法に新規性があり，異分野融合必要性の明確な論拠を具体的に明示する。

〈ポイント11〉 研究の着想は単なる思いつきでなく，過去の研究成果から生まれたものでなければならない。

〈ポイント12〉 研究目的の記述においては，それぞれの異分野融合の必要性を明確に認識させる表現とする。

〈ポイント13〉 研究方法の記述にあたっては，過去の研究実績をベースとした新たな発想と方法とを用いることで，新たな成果が生み出される可能性を期待させるものとする。

〈ポイント14〉 研究メンバーの業績を十分知ったうえで，それに相応しい役割を担当してもらうことで，成果が生まれる可能性についての説得力が付与される。

〈ポイント15〉 研究経費は，研究成果を生み出すに十分でかつ必要なものであるとともに，「不合理な集中」や「過度の集中」がないように注意すること。積算根拠も具体的に示す。

# あとがき

　塩満典子氏と私との出会いは，私が勤務していた佐賀大学が平成21年度文部科学省女性研究者支援モデル育成事業に採択されたときである。

　同氏は，内閣府男女共同参画局調査課長の経験から，長年，大学・研究機関等における男女共同参画の推進に心血を注ぎ，すべての研究者および教職員の研究・教育環境などの研究環境の整備事業に，次々と新たな視点での提案をされてこられ，当時，科学技術振興機構（JST）の科学技術振興調整費業務室長であった。

　その後，塩満氏からは，同事業が終了したのちもさまざまなアドバイスを受け，そのおかげで，研究の手を休めることなく職務を全うすることができた。本年は，こうした男女共同参画に関わる活動などが評価され，日本女性科学者の会功労賞（2016年度）を受賞した。2007年度に，同賞を塩満氏も受賞し，受賞者としては，私の先輩でもある。

　2014年，聖徳大学に異動したが，その後も科研費を取得し，これまでの20余年間，ほとんど切れ目なく科研費を獲得してきた。そのなかで，女性中堅研究者の研究資金獲得率の低さが気になっていた。現在でも，科研費獲得率は，性別の差はないが，採択件数では，未だ，女性研究者は2割である。

　この度，『研究資金獲得法』（塩満典子・室伏きみ子著，丸善）に続く，新たな企画で出版するということに賛同したのは言うまでもない。自然科学分野の研究資金獲得法の書籍の出版は，最近特に目を引くことが多くなったものの，人文社会科学分野に関する研究資金獲得に関する出版がほとんどないということが理由であったからである。

　本書では，私が研究代表者として科研費を獲得した事例を多く利用した。そして，唯一不採択となった事例も取り上げて考察する機会とした。私の乏しい研究費獲得の軌跡をご覧いただき，現在のそしてこれからの社会の中心として活躍する研究者の方々の，研究費獲得に少しでもお役に立てれば幸いである。しかし，科研費には400の研究細目があるため，ここでの申請事例がヒントになることはないかもしれない。ただ，この程度の研究でも地道に行えば科研費が取得できると他山の石として手にしていただければ，事例の提示の意義はあったということになろう。

　ここに提示した採択事例において，共同研究者として，ともに研究を行ってきた佐賀大学工学系研究科，医学部の第一線の研究者の方々に心から御礼申し上げる。

　この度，塩満氏のお声がけがなければ，研究のみに終始し，研究者の方々への貢献は考えられなかった。「天に宝を積む」という気持ちで事例の執筆を担当することができ，この機会を頂戴できたことに深甚の謝意を表する。

株式会社学文社田中千津子社長には，短い時間の中での出版をご快諾いただき，真摯に長時間を本出版に費やしていただいた。「感謝の気持ちで私の杯は溢れる」ほど厚く厚く感謝申し上げる次第である。お気づきであろうが，執筆者も出版社社長も女性である。このことが私に大きな力を与えたことは言うまでもない。本書の出版がジェンダーも年齢も超えて，研究者の一助になることを，我々一同，願ってやまない。

2016 年 8 月吉日

北川　慶子

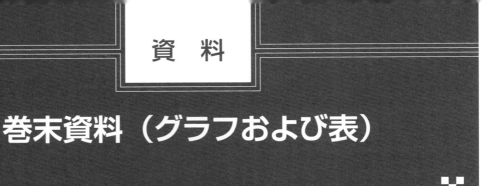

# 巻末資料（グラフおよび表）

　大学や研究機関ごとの科研費の採択件数や採択率の傾向分析を行うことは、採択に向けた計画づくりとともに、中長期的な研究キャリアプランを立てる上で有効である。

　科研費の申請に当たっては、さらに具体的な情報分析を行うことが有効であり、文部科学省や独立行政法人日本学術振興会（JSPS）により公表されている応募種目・分野・細目ごとの傾向を分析いただきたい。

　なお、現在、科研費採択率等の研究力評価指標を用いてダイバーシティ研究環境の実現に取り組む大学が多いことから、今後の変化との比較のためのベンチマークとして、女性比率（平成27（2015）年度）も参考指標としてグラフに書き入れている。

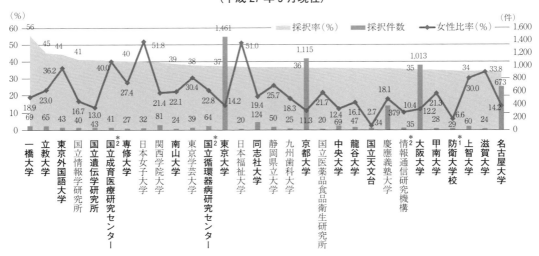

図1　研究者が所属する研究機関別　採択率　上位30機関（平成27年度　新規採択分）（平成27年9月現在）

注1）平成27年度科学研究費のうち、「奨励研究」を除く研究課題（新規採択分）について分類。
注2）研究代表者が所属する研究機関により整理。
注3）新規応募件数が50件以上の研究機関を分析対象。（採択率＝採択件数／応募件数）
（備考）独立行政法人日本学術振興会ウェブサイト「科研費データ」（研究機関別配分状況）より作成。
＊1）防衛大学校は、総合教育学群、人文社会科学群、応用科学群、電気情報学群及びシステム工学群のみを含む。
＊2）国立成育医療研究センター、国立循環器病研究センター及び情報通信研究機構は、国立研究開発法人であるが、名称を省略して記載。

## 表1 研究者が所属する研究機関別 採択率 上位30機関（平成27年度 新規採択分）
（平成27年9月現在）

(単位：千円)

| | 機関名 | 新規 | | 新規＋継続 | | | | | 基盤研究の件数 | | |
|---|---|---|---|---|---|---|---|---|---|---|---|
| | | 採択件数 | 採択率 | 採択件数 | 女性比率 | 若手比率 | 配分額 | 間接経費 | 合計 | 基盤研究(A) | 基盤研究(B) | 基盤研究(C) |
| 1 | 一橋大学 | 69 | 55.6% | 196 | 18.9% | 19.4% | 531,300 | 159,390 | 690,690 | 22 | 38 | 91 |
| 2 | 立教大学 | 65 | 45.1% | 165 | 23.0% | 26.7% | 263,700 | 79,110 | 342,810 | 4 | 24 | 81 |
| 3 | 東京外国語大学 | 43 | 44.3% | 116 | 36.2% | 19.0% | 253,400 | 76,020 | 329,420 | 10 | 29 | 51 |
| 4 | 国立情報学研究所 | 40 | 41.2% | 90 | 16.7% | 43.3% | 255,400 | 76,620 | 332,020 | 6 | 19 | 15 |
| 5 | 国立遺伝学研究所 | 43 | 41.0% | 92 | 13.0% | 33.7% | 509,600 | 152,880 | 662,480 | 12 | 11 | 8 |
| 6 | 国立研究開発法人国立成育医療研究センター | 41 | 40.6% | 95 | 40.0% | 42.1% | 157,100 | 47,130 | 204,230 | 1 | 10 | 18 |
| 7 | 専修大学 | 27 | 40.3% | 95 | 27.4% | 25.3% | 94,100 | 28,230 | 122,330 | 0 | 7 | 64 |
| 8 | 日本女子大学 | 32 | 40.0% | 83 | 51.8% | 18.1% | 116,900 | 35,070 | 151,970 | 3 | 14 | 49 |
| 9 | 関西学院大学 | 81 | 39.5% | 206 | 21.4% | 25.7% | 376,600 | 112,980 | 489,580 | 5 | 34 | 106 |
| 10 | 南山大学 | 24 | 38.7% | 77 | 22.1% | 27.3% | 99,700 | 29,910 | 129,610 | 4 | 3 | 44 |
| 11 | 東京学芸大学 | 39 | 37.9% | 135 | 30.4% | 19.3% | 167,100 | 50,130 | 217,230 | 0 | 14 | 91 |
| 12 | 国立研究開発法人国立循環器病研究センター | 64 | 37.6% | 136 | 22.8% | 40.4% | 244,200 | 73,260 | 317,460 | 2 | 16 | 52 |
| 13 | 東京大学 | 1,461 | 37.4% | 3,763 | 14.2% | 39.3% | 16,625,370 | 4,987,611 | 21,612,981 | 308 | 619 | 780 |
| 14 | 日本福祉大学 | 20 | 37.0% | 49 | 51.0% | 34.7% | 57,000 | 17,100 | 74,100 | 0 | 6 | 24 |
| 15 | 同志社大学 | 124 | 36.8% | 325 | 19.4% | 21.5% | 561,400 | 168,420 | 729,820 | 6 | 49 | 161 |
| 15 | 静岡県立大学 | 50 | 36.8% | 140 | 25.7% | 36.4% | 225,100 | 67,530 | 292,630 | 2 | 15 | 59 |
| 15 | 九州歯科大学 | 25 | 36.8% | 71 | 18.3% | 42.3% | 101,200 | 30,360 | 131,560 | 1 | 5 | 35 |
| 18 | 京都大学 | 1,115 | 36.4% | 2,955 | 11.3% | 31.5% | 10,739,700 | 3,221,910 | 13,961,610 | 220 | 559 | 717 |
| 18 | 国立医薬品食品衛生研究所 | 20 | 36.4% | 60 | 21.7% | 48.3% | 101,600 | 30,480 | 132,080 | 0 | 7 | 26 |
| 20 | 中央大学 | 69 | 36.3% | 217 | 12.4% | 21.7% | 337,700 | 101,310 | 439,010 | 8 | 23 | 119 |
| 21 | 龍谷大学 | 47 | 36.2% | 112 | 16.1% | 22.3% | 184,400 | 55,320 | 239,720 | 3 | 19 | 60 |
| 21 | 国立天文台 | 34 | 36.2% | 75 | 2.7% | 44.0% | 323,000 | 96,900 | 419,900 | 13 | 8 | 18 |
| 23 | 慶應義塾大学 | 379 | 36.1% | 999 | 18.1% | 36.0% | 2,498,500 | 749,550 | 3,248,050 | 39 | 125 | 388 |
| 24 | 国立研究開発法人情報通信研究機構 | 35 | 35.7% | 77 | 10.4% | 41.6% | 209,800 | 62,940 | 272,740 | 2 | 12 | 24 |
| 25 | 大阪大学 | 1,013 | 35.1% | 2,646 | 12.2% | 34.6% | 8,537,948 | 2,561,384 | 11,099,332 | 146 | 421 | 746 |
| 26 | 甲南大学 | 28 | 35.0% | 89 | 21.3% | 29.2% | 145,800 | 43,740 | 189,540 | 2 | 13 | 45 |
| 27 | 防衛大学校（総合教育学群，人文社会科学群，応用科学群，電気情報学群及びシステム工学群） | 29 | 34.5% | 61 | 6.6% | 26.2% | 72,000 | 21,600 | 93,600 | 0 | 1 | 45 |
| 28 | 上智大学 | 60 | 34.3% | 160 | 30.0% | 20.0% | 301,800 | 90,540 | 392,340 | 4 | 17 | 92 |
| 28 | 滋賀大学 | 24 | 34.3% | 71 | 33.8% | 36.6% | 65,561 | 19,668 | 85,230 | 0 | 6 | 38 |
| 30 | 名古屋大学 | 673 | 34.0% | 1,765 | 14.2% | 29.6% | 5,788,800 | 1,736,640 | 7,525,440 | 99 | 314 | 518 |

注1）平成27年度科学研究費のうち、「奨励研究」を除く研究課題（新規採択分）について分類。
注2）研究代表者が所属する研究機関により整理。
注3）女性比率は「採択件数」に占める女性研究者が採択となった件数の割合。
注4）若手比率は「採択件数」に占める39歳以下の研究者が採択となった件数の割合。
注5）新規応募件数が50件以上の研究機関を分析対象。（採択率＝採択件数／応募件数）
（備考）独立行政法人日本学術振興会ウェブサイト「科研費データ」（研究機関別配分状況）より作成

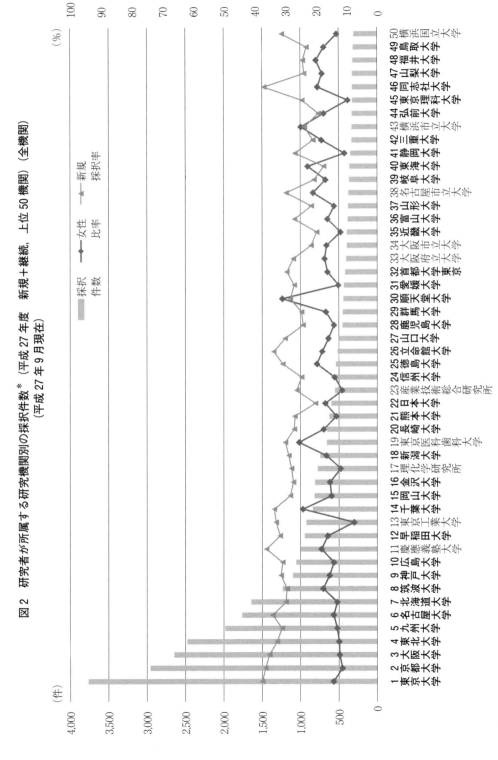

図2 研究者が所属する研究機関別の採択件数*（平成27年度 新規＋継続、上位50機関）（全機関）
（平成27年9月現在）

(備考) 独立行政法人日本学術振興会ウェブサイト「科研費データ」（研究機関別配分状況）より作成。注意書きは、表2を参照。
* 採択件数の大小は、教員数や研究分野に影響されるため、必ずしも研究水準を反映するものではない。

表2 研究者が所属する研究機関別の採択件数* (平成27年度 新規＋継続，上位50機関) (全機関)
(平成27年9月現在)

(単位：千円)

| | 機関名 | 新規＋継続 | | | | | | 基盤研究の件数 | | | 備考 | |
|---|---|---|---|---|---|---|---|---|---|---|---|---|
| | | 採択件数 | 女性比率 | 若手比率 | 配分額 | 間接経費 | 合計 | 基盤研究(A) | 基盤研究(B) | 基盤研究(C) | 新規件数 | 新規採択率 |
| 1 | 東京大学 | 3,763 | 14.2% | 39.3% | 16,625,370 | 4,987,611 | 21,612,981 | 308 | 619 | 780 | 1,461 | 37.4% |
| 2 | 京都大学 | 2,955 | 11.3% | 31.5% | 10,739,700 | 3,221,910 | 13,961,610 | 220 | 559 | 717 | 1,115 | 36.4% |
| 3 | 大阪大学 | 2,646 | 12.2% | 34.6% | 8,537,948 | 2,561,384 | 11,099,332 | 146 | 421 | 746 | 1,013 | 35.1% |
| 4 | 東北大学 | 2,478 | 12.4% | 35.0% | 7,531,630 | 2,259,489 | 9,791,119 | 133 | 411 | 690 | 941 | 32.6% |
| 5 | 九州大学 | 1,983 | 13.0% | 31.7% | 5,309,700 | 1,592,910 | 6,902,610 | 97 | 283 | 677 | 727 | 31.0% |
| 6 | 名古屋大学 | 1,765 | 14.2% | 29.6% | 5,788,800 | 1,736,640 | 7,525,440 | 99 | 314 | 518 | 673 | 34.0% |
| 7 | 北海道大学 | 1,643 | 13.0% | 28.3% | 4,244,700 | 1,273,410 | 5,518,110 | 84 | 294 | 556 | 584 | 29.7% |
| 8 | 筑波大学 | 1,233 | 17.6% | 26.2% | 2,850,900 | 855,270 | 3,706,170 | 58 | 199 | 435 | 420 | 29.4% |
| 9 | 神戸大学 | 1,100 | 15.5% | 27.0% | 2,235,760 | 670,728 | 2,906,488 | 26 | 165 | 478 | 394 | 31.3% |
| 10 | 広島大学 | 1,056 | 14.1% | 27.7% | 2,067,650 | 620,295 | 2,687,945 | 33 | 140 | 502 | 356 | 30.8% |
| 11 | 慶應義塾大学 | 999 | 18.1% | 36.0% | 2,498,500 | 749,550 | 3,248,050 | 39 | 125 | 388 | 379 | 36.1% |
| 12 | 早稲田大学 | 946 | 16.1% | 30.0% | 1,981,100 | 594,330 | 2,575,430 | 47 | 135 | 359 | 342 | 31.6% |
| 13 | 東京工業大学 | 924 | 7.4% | 34.1% | 3,617,500 | 1,085,250 | 4,702,750 | 64 | 174 | 189 | 335 | 32.9% |
| 14 | 千葉大学 | 842 | 24.2% | 27.8% | 1,622,800 | 486,840 | 2,109,640 | 21 | 119 | 388 | 308 | 33.5% |
| 15 | 岡山大学 | 819 | 14.9% | 29.3% | 1,585,800 | 475,740 | 2,061,540 | 15 | 105 | 396 | 314 | 28.3% |
| 16 | 金沢大学 | 811 | 15.4% | 26.0% | 1,418,070 | 425,421 | 1,843,491 | 10 | 115 | 371 | 285 | 27.3% |
| 17 | 国立研究開発法人理化学研究所 | 779 | 11.9% | 43.8% | 3,046,100 | 913,830 | 3,959,930 | 34 | 86 | 163 | 324 | 27.9% |
| 18 | 新潟大学 | 744 | 16.5% | 25.5% | 1,281,700 | 384,510 | 1,666,210 | 16 | 70 | 386 | 268 | 28.8% |
| 19 | 東京医科歯科大学 | 657 | 25.4% | 43.4% | 1,424,500 | 427,350 | 1,851,850 | 12 | 55 | 240 | 271 | 29.9% |
| 20 | 長崎大学 | 654 | 17.4% | 30.1% | 1,163,900 | 349,170 | 1,513,070 | 11 | 81 | 306 | 233 | 27.0% |
| 21 | 熊本大学 | 626 | 13.3% | 31.2% | 1,274,100 | 382,230 | 1,656,330 | 10 | 63 | 297 | 216 | 26.8% |
| 22 | 日本大学 | 599 | 16.9% | 27.4% | 784,900 | 235,470 | 1,020,370 | 5 | 37 | 370 | 201 | 20.1% |
| 23 | 国立研究開発法人産業技術総合研究所 | 552 | 11.4% | 40.9% | 1,422,100 | 426,630 | 1,848,730 | 22 | 81 | 166 | 192 | 26.2% |
| 24 | 信州大学 | 548 | 13.9% | 29.9% | 936,271 | 280,881 | 1,217,152 | 14 | 50 | 253 | 190 | 24.6% |
| 25 | 徳島大学 | 541 | 19.6% | 32.9% | 963,200 | 288,960 | 1,252,160 | 7 | 60 | 262 | 210 | 30.7% |
| 26 | 立命館大学 | 520 | 17.9% | 33.7% | 863,200 | 258,960 | 1,122,160 | 11 | 69 | 237 | 200 | 33.7% |
| 27 | 山口大学 | 498 | 15.9% | 26.7% | 828,629 | 248,589 | 1,077,217 | 8 | 52 | 240 | 182 | 30.0% |
| 28 | 鹿児島大学 | 453 | 14.1% | 28.5% | 678,300 | 203,490 | 881,790 | 4 | 47 | 256 | 164 | 24.1% |
| 29 | 群馬大学 | 449 | 16.7% | 26.7% | 684,300 | 205,290 | 889,590 | 0 | 46 | 246 | 175 | 24.6% |
| 30 | 順天堂大学 | 440 | 30.9% | 29.5% | 675,200 | 202,560 | 877,760 | 1 | 29 | 239 | 163 | 28.3% |
| 31 | 愛媛大学 | 436 | 12.6% | 26.6% | 957,700 | 287,310 | 1,245,010 | 10 | 53 | 217 | 156 | 27.0% |
| 32 | 首都大学東京 | 419 | 16.2% | 22.7% | 902,400 | 270,720 | 1,173,120 | 17 | 60 | 188 | 137 | 29.4% |
| 33 | 大阪府立大学 | 403 | 17.1% | 25.1% | 795,700 | 238,710 | 1,034,410 | 11 | 53 | 189 | 135 | 27.3% |
| 34 | 大阪市立大学 | 395 | 16.5% | 21.5% | 863,300 | 258,990 | 1,122,290 | 6 | 58 | 194 | 123 | 21.5% |
| 35 | 近畿大学 | 394 | 11.9% | 23.9% | 559,200 | 167,760 | 726,960 | 4 | 21 | 253 | 132 | 19.7% |
| 36 | 富山大学 | 383 | 16.2% | 21.9% | 605,400 | 181,620 | 787,020 | 1 | 41 | 208 | 154 | 26.9% |
| 37 | 山形大学 | 378 | 14.0% | 30.7% | 639,000 | 191,700 | 830,700 | 6 | 34 | 195 | 136 | 21.4% |
| 38 | 名古屋市立大学 | 374 | 20.9% | 29.7% | 564,400 | 169,320 | 733,720 | 3 | 28 | 206 | 124 | 29.6% |
| 39 | 岐阜大学 | 363 | 16.8% | 26.4% | 634,500 | 190,350 | 824,850 | 6 | 40 | 189 | 123 | 20.5% |
| 40 | 東海大学 | 358 | 22.6% | 21.8% | 469,600 | 140,880 | 610,480 | 3 | 28 | 213 | 122 | 17.4% |
| 41 | 静岡大学 | 348 | 10.6% | 28.2% | 693,000 | 207,900 | 900,900 | 6 | 55 | 168 | 117 | 26.7% |
| 42 | 三重大学 | 332 | 18.1% | 21.7% | 473,700 | 142,110 | 615,810 | 1 | 32 | 211 | 111 | 20.9% |
| 43 | 横浜市立大学 | 331 | 24.8% | 35.0% | 613,893 | 184,168 | 798,060 | 1 | 32 | 158 | 116 | 23.6% |
| 44 | 弘前大学 | 328 | 17.4% | 29.3% | 475,400 | 142,620 | 618,020 | 5 | 21 | 162 | 117 | 19.1% |
| 45 | 東京理科大学 | 326 | 9.5% | 38.3% | 584,400 | 175,320 | 759,720 | 3 | 37 | 138 | 137 | 24.4% |
| 46 | 同志社大学 | 325 | 19.4% | 21.5% | 561,400 | 168,420 | 729,820 | 6 | 49 | 161 | 124 | 36.8% |
| 47 | 山梨大学 | 323 | 18.0% | 24.1% | 554,800 | 166,440 | 721,240 | 1 | 32 | 189 | 117 | 23.8% |
| 48 | 福井大学 | 317 | 19.9% | 28.1% | 521,400 | 156,420 | 677,820 | 4 | 23 | 170 | 113 | 24.2% |
| 49 | 鳥取大学 | 311 | 17.4% | 26.0% | 476,000 | 142,800 | 618,800 | 2 | 25 | 175 | 113 | 23.0% |
| 50 | 横浜国立大学 | 305 | 13.1% | 21.3% | 730,900 | 219,270 | 950,170 | 10 | 55 | 133 | 123 | 31.0% |

注1) 平成27年度科学研究費のうち，「奨励研究」を除く研究課題について分類。
注2) 研究代表者が所属する研究機関により整理。
注3) 女性比率は「採択件数」に占める女性研究者が採択となった件数の割合。
注4) 若手比率は「採択件数」に占める39歳以下の研究者が採択となった件数の割合。
(備考) 独立行政法人日本学術振興会ウェブサイト「科研費データ」(研究機関別配分状況) より作成
＊採択件数の大小は，教員数や研究分野に影響されるため，必ずしも研究水準を反映するものではない。

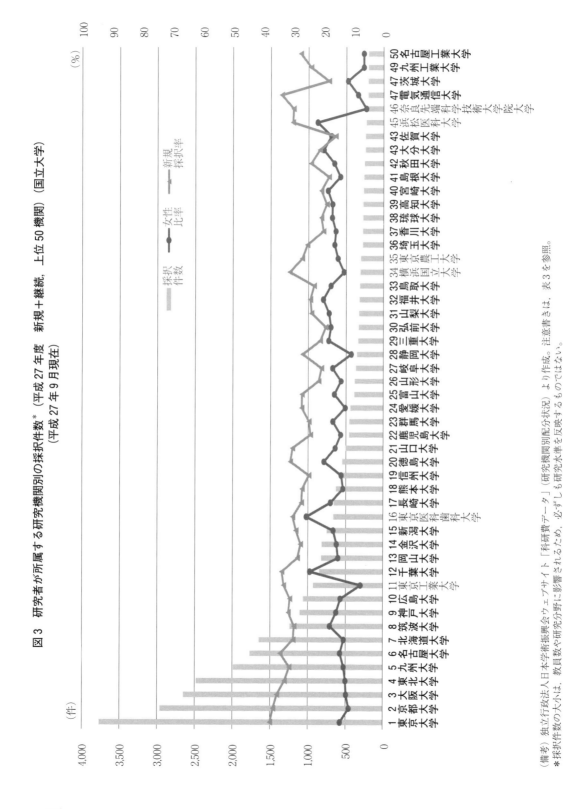

図3 研究者が所属する研究機関別の採択件数*(平成27年度 新規+継続、上位50機関)(国立大学)(平成27年9月現在)

(備考)独立行政法人日本学術振興会ウェブサイト「科研費データ」(研究機関別配分状況)より作成。注意書きは、表3を参照。
*採択件数の大小は、教員数や研究分野に影響されるため、必ずしも研究水準を反映するものではない。

表3 研究者が所属する研究機関別の採択件数＊（平成27年度 新規＋継続，上位50機関）（国立大学）
（平成27年9月現在）

(単位：千円)

| 機関名 | 新規＋継続 | | | | | | | | | 備考 | |
|---|---|---|---|---|---|---|---|---|---|---|---|
| | 採択件数 | 女性比率 | 若手比率 | 配分額 | 間接経費 | 合計 | 基盤研究の件数 | | | 新規件数 | 新規採択率 |
| | | | | | | | 基盤研究(A) | 基盤研究(B) | 基盤研究(C) | | |
| 1 東京大学 | 3,763 | 14.2% | 39.3% | 16,625,370 | 4,987,611 | 21,612,981 | 308 | 619 | 780 | 1,461 | 37.4% |
| 2 京都大学 | 2,955 | 11.3% | 31.5% | 10,739,700 | 3,221,910 | 13,961,610 | 220 | 559 | 717 | 1,115 | 36.4% |
| 3 大阪大学 | 2,646 | 12.2% | 34.6% | 8,537,948 | 2,561,384 | 11,099,332 | 146 | 421 | 746 | 1,013 | 35.1% |
| 4 東北大学 | 2,478 | 12.4% | 35.0% | 7,531,630 | 2,259,489 | 9,791,119 | 133 | 411 | 690 | 941 | 32.6% |
| 5 九州大学 | 1,983 | 13.0% | 31.7% | 5,309,700 | 1,592,910 | 6,902,610 | 97 | 283 | 677 | 727 | 31.0% |
| 6 名古屋大学 | 1,765 | 14.2% | 29.6% | 5,788,800 | 1,736,640 | 7,525,440 | 99 | 314 | 518 | 673 | 34.0% |
| 7 北海道大学 | 1,643 | 13.0% | 28.3% | 4,244,700 | 1,273,410 | 5,518,110 | 84 | 294 | 556 | 584 | 29.7% |
| 8 筑波大学 | 1,233 | 17.6% | 26.2% | 2,850,900 | 855,270 | 3,706,170 | 58 | 199 | 435 | 420 | 29.4% |
| 9 神戸大学 | 1,100 | 15.5% | 27.0% | 2,235,760 | 670,728 | 2,906,488 | 26 | 165 | 478 | 394 | 31.3% |
| 10 広島大学 | 1,056 | 14.1% | 27.7% | 2,067,650 | 620,295 | 2,687,945 | 33 | 140 | 502 | 356 | 30.8% |
| 11 東京工業大学 | 924 | 7.4% | 34.1% | 3,617,500 | 1,085,250 | 4,702,750 | 64 | 174 | 189 | 335 | 32.9% |
| 12 千葉大学 | 842 | 24.2% | 27.8% | 1,622,800 | 486,840 | 2,109,640 | 21 | 119 | 388 | 308 | 33.5% |
| 13 岡山大学 | 819 | 14.9% | 29.3% | 1,585,800 | 475,740 | 2,061,540 | 15 | 105 | 396 | 314 | 28.3% |
| 14 金沢大学 | 811 | 15.4% | 26.0% | 1,418,670 | 425,421 | 1,843,491 | 10 | 115 | 371 | 285 | 27.3% |
| 15 新潟大学 | 744 | 16.5% | 25.5% | 1,281,700 | 384,510 | 1,666,210 | 16 | 70 | 386 | 268 | 28.8% |
| 16 東京医科歯科大学 | 657 | 25.4% | 43.4% | 1,424,500 | 427,350 | 1,851,850 | 12 | 55 | 240 | 271 | 29.9% |
| 17 長崎大学 | 654 | 17.4% | 30.1% | 1,163,900 | 349,170 | 1,513,070 | 11 | 81 | 306 | 233 | 27.0% |
| 18 熊本大学 | 626 | 13.3% | 31.2% | 1,274,100 | 382,230 | 1,656,330 | 10 | 63 | 297 | 216 | 26.8% |
| 19 信州大学 | 548 | 13.9% | 29.9% | 936,271 | 280,881 | 1,217,152 | 14 | 50 | 253 | 190 | 24.6% |
| 20 徳島大学 | 541 | 19.6% | 32.9% | 963,200 | 288,960 | 1,252,160 | 7 | 60 | 262 | 210 | 30.7% |
| 21 山口大学 | 498 | 15.9% | 27.9% | 828,629 | 248,589 | 1,077,217 | 8 | 52 | 240 | 182 | 30.0% |
| 22 鹿児島大学 | 453 | 14.1% | 28.5% | 678,300 | 203,490 | 881,790 | 4 | 47 | 256 | 164 | 24.1% |
| 23 群馬大学 | 449 | 16.7% | 26.7% | 684,300 | 205,290 | 889,590 | 0 | 46 | 246 | 175 | 24.6% |
| 24 愛媛大学 | 436 | 12.6% | 26.6% | 957,700 | 287,310 | 1,245,010 | 10 | 53 | 217 | 156 | 27.0% |
| 25 富山大学 | 383 | 16.2% | 21.9% | 605,400 | 181,620 | 787,020 | 1 | 41 | 208 | 154 | 26.9% |
| 26 山形大学 | 378 | 14.0% | 30.7% | 639,000 | 191,700 | 830,700 | 6 | 34 | 195 | 136 | 21.4% |
| 27 岐阜大学 | 363 | 16.8% | 26.2% | 634,500 | 190,350 | 824,850 | 6 | 40 | 189 | 123 | 29.7% |
| 28 静岡大学 | 348 | 10.6% | 28.2% | 693,000 | 207,900 | 900,900 | 6 | 55 | 168 | 117 | 26.7% |
| 29 三重大学 | 332 | 18.1% | 21.7% | 473,700 | 142,110 | 615,810 | 1 | 32 | 211 | 111 | 20.9% |
| 30 弘前大学 | 328 | 17.4% | 29.3% | 475,400 | 142,620 | 618,020 | 5 | 21 | 162 | 117 | 19.1% |
| 31 山梨大学 | 323 | 18.0% | 24.1% | 554,800 | 166,440 | 721,240 | 1 | 32 | 189 | 117 | 23.8% |
| 32 福井大学 | 317 | 19.9% | 28.1% | 521,400 | 156,420 | 677,820 | 4 | 23 | 170 | 113 | 24.2% |
| 33 鳥取大学 | 311 | 17.4% | 26.0% | 476,000 | 142,800 | 618,800 | 2 | 25 | 175 | 113 | 23.0% |
| 34 横浜国立大学 | 305 | 13.1% | 21.3% | 730,900 | 219,270 | 950,170 | 10 | 55 | 133 | 123 | 31.0% |
| 35 東京農工大学 | 298 | 15.1% | 28.5% | 724,000 | 217,200 | 941,200 | 16 | 56 | 94 | 102 | 26.9% |
| 36 埼玉大学 | 272 | 16.2% | 23.2% | 535,800 | 160,740 | 696,540 | 7 | 38 | 122 | 94 | 25.2% |
| 37 香川大学 | 272 | 15.8% | 25.7% | 347,600 | 104,280 | 451,880 | 1 | 22 | 166 | 94 | 19.9% |
| 38 琉球大学 | 270 | 17.0% | 21.5% | 421,900 | 126,570 | 548,470 | 5 | 26 | 153 | 89 | 20.6% |
| 39 高知大学 | 267 | 16.9% | 22.5% | 364,200 | 109,260 | 473,460 | 0 | 24 | 157 | 103 | 18.8% |
| 40 宮崎大学 | 261 | 18.4% | 27.6% | 387,100 | 116,130 | 503,230 | 1 | 25 | 141 | 94 | 20.6% |
| 41 島根大学 | 259 | 14.3% | 26.0% | 376,800 | 113,040 | 489,840 | 2 | 25 | 141 | 94 | 18.1% |
| 42 秋田大学 | 252 | 16.3% | 24.6% | 424,300 | 127,290 | 551,590 | 4 | 17 | 153 | 87 | 24.0% |
| 43 大分大学 | 237 | 19.8% | 27.8% | 284,100 | 85,230 | 369,330 | 1 | 9 | 155 | 85 | 21.1% |
| 43 佐賀大学 | 237 | 17.3% | 23.2% | 326,200 | 97,860 | 424,060 | 0 | 19 | 149 | 76 | 15.9% |
| 45 浜松医科大学 | 229 | 21.8% | 27.9% | 406,000 | 121,800 | 527,800 | 1 | 26 | 112 | 91 | 30.0% |
| 46 奈良先端科学技術大学院大学 | 211 | 5.7% | 33.2% | 752,400 | 225,720 | 978,120 | 12 | 36 | 39 | 72 | 29.8% |
| 47 電気通信大学 | 203 | 8.4% | 32.0% | 503,600 | 151,080 | 654,680 | 15 | 27 | 78 | 64 | 33.7% |
| 47 茨城大学 | 203 | 11.8% | 19.2% | 350,900 | 105,270 | 456,170 | 1 | 27 | 110 | 53 | 18.1% |
| 49 九州工業大学 | 201 | 6.5% | 17.9% | 421,900 | 126,570 | 548,470 | 3 | 28 | 94 | 69 | 24.0% |
| 50 名古屋工業大学 | 200 | 6.5% | 27.5% | 431,200 | 129,360 | 560,560 | 5 | 24 | 93 | 72 | 27.4% |

注1）平成27年度科学研究費のうち，「奨励研究」を除く研究課題について分類。
注2）研究代表者が所属する研究機関により整理。
注3）女性比率は「採択件数」に占める女性研究者が採択となった件数の割合。
注4）若手比率は「採択件数」に占める39歳以下の研究者が採択となった件数の割合。
（備考）独立行政法人日本学術振興会ウェブサイト「科研費データ」（研究機関別配分状況）より作成。国立大学のみ
＊採択件数の大小は，教員数や研究分野に影響されるため，必ずしも研究水準を反映するものではない。

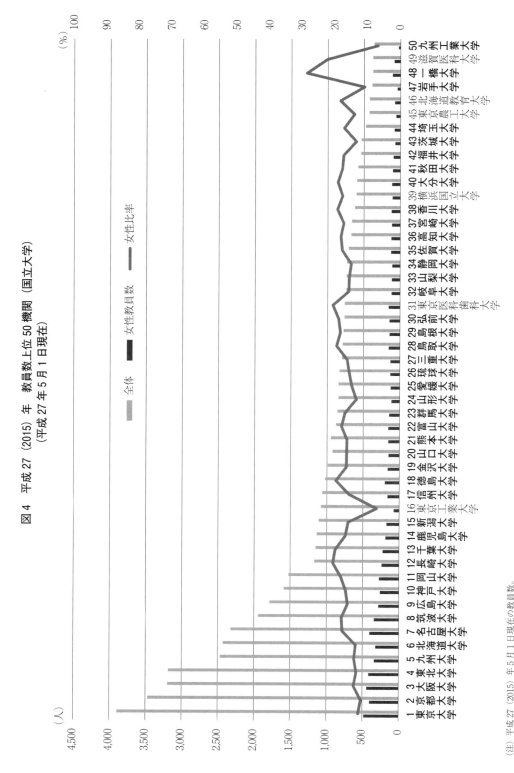

図4 平成27 (2015) 年 教員数上位50機関 (国立大学)
(平成27年5月1日現在)

(注) 平成27 (2015) 年5月1日現在の教員数。
(備考) 独立行政法人大学改革支援・学位授与機構ポータルサイト情報「大学基本情報2015 (H27)」(教員数) より作成。
平成28 (2016) 年7月31日時点のポータルサイト情報であり, 更新情報に留意すること。

表4 平成27（2015）年　大学別教員数（職階別・男女別，国立大学，教員数順）

| 大学名 | 学長(a) | | 副学長(b) | | 教授(c) | | 准教授(d) | | 講師(e) | | 助教(f) | | 助手(g) | | 計(a+b+c+d+e+f+g) | | | |
|---|---|---|---|---|---|---|---|---|---|---|---|---|---|---|---|---|---|---|
| | 男 | 女 | 男 | 女 | 男 | 女 | 男 | 女 | 男 | 女 | 男 | 女 | 男 | 女 | 男 | 女 | 計 | 女性比率(%) |
| 1 東京大学 | 1 | | 5 | | 1,221 | 71 | 788 | 106 | 233 | 44 | 1,143 | 240 | 21 | 21 | 3,412 | 482 | 3,894 | 12.4 |
| 2 京都大学 | 1 | | 10 | 1 | 1,021 | 66 | 839 | 103 | 181 | 34 | 1,016 | 197 | 2 | 1 | 3,070 | 402 | 3,472 | 11.6 |
| 3 大阪大学 | 1 | | 12 | 1 | 863 | 67 | 739 | 103 | 181 | 53 | 953 | 208 | 3 | 10 | 2,752 | 442 | 3,194 | 13.8 |
| 4 東北大学 | 1 | | 4 | | 839 | 47 | 679 | 69 | 141 | 26 | 990 | 193 | 114 | 80 | 2,768 | 415 | 3,183 | 13.0 |
| 5 九州大学 | 1 | | 11 | 1 | 684 | 39 | 651 | 88 | 91 | 32 | 686 | 168 | 6 | 11 | 2,130 | 339 | 2,469 | 13.7 |
| 6 北海道大学 | 1 | | 3 | 1 | 713 | 40 | 607 | 85 | 139 | 28 | 638 | 154 | 6 | 13 | 2,107 | 321 | 2,428 | 13.2 |
| 7 名古屋大学 | 1 | | 5 | | 661 | 63 | 492 | 102 | 185 | 53 | 573 | 181 | 2 | 5 | 1,919 | 404 | 2,323 | 17.4 |
| 8 筑波大学 | 1 | | 8 | 1 | 598 | 76 | 467 | 109 | 208 | 50 | 319 | 107 | 1 | | 1,602 | 343 | 1,945 | 17.6 |
| 9 広島大学 | 1 | | 10 | | 553 | 46 | 392 | 62 | 97 | 35 | 448 | 138 | 4 | | 1,505 | 282 | 1,787 | 15.8 |
| 10 神戸大学 | 1 | | 10 | | 552 | 54 | 379 | 65 | 97 | 22 | 287 | 103 | 2 | 17 | 1,328 | 261 | 1,589 | 16.4 |
| 11 岡山大学 | 1 | | | | 433 | 42 | 326 | 59 | 105 | 19 | 385 | 145 | 2 | 8 | 1,252 | 273 | 1,525 | 17.9 |
| 12 長崎大学 | 1 | | 9 | | 284 | 33 | 234 | 61 | 80 | 13 | 325 | 130 | 1 | | 934 | 238 | 1,172 | 20.3 |
| 13 千葉大学 | 1 | | 8 | 1 | 362 | 57 | 273 | 65 | 63 | 19 | 220 | 79 | | 5 | 927 | 226 | 1,153 | 19.6 |
| 14 鹿児島大学 | 1 | | 9 | | 323 | 23 | 276 | 46 | 77 | 17 | 261 | 99 | 1 | 3 | 948 | 188 | 1,136 | 16.5 |
| 15 新潟大学 | 1 | | 10 | 1 | 315 | 20 | 335 | 64 | 62 | 15 | 213 | 69 | 1 | 5 | 937 | 174 | 1,111 | 15.7 |
| 16 東京工業大学 | 1 | | 4 | | 366 | 15 | 306 | 32 | 17 | 1 | 312 | 27 | | | 1,006 | 75 | 1,081 | 6.9 |
| 17 信州大学 | 1 | | 5 | | 311 | 23 | 275 | 36 | 53 | 19 | 253 | 78 | 2 | 7 | 900 | 163 | 1,063 | 15.3 |
| 18 徳島大学 | 1 | | 4 | | 271 | 17 | 189 | 30 | 109 | 26 | 252 | 127 | | | 826 | 200 | 1,026 | 19.5 |
| 19 金沢大学 | 1 | | 7 | | 323 | 49 | 235 | 51 | 57 | 1 | 200 | 59 | 4 | 1 | 827 | 161 | 988 | 16.3 |
| 20 山口大学 | 1 | | 4 | | 294 | 34 | 228 | 40 | 76 | 19 | 192 | 55 | 2 | 5 | 797 | 153 | 950 | 16.1 |
| 21 熊本大学 | 1 | | 6 | 1 | 291 | 34 | 236 | 46 | 65 | 14 | 176 | 54 | 1 | 1 | 776 | 150 | 926 | 16.2 |
| 22 富山大学 | 1 | | 6 | 1 | 278 | 33 | 204 | 48 | 64 | 18 | 162 | 49 | 5 | 7 | 720 | 156 | 876 | 17.8 |
| 23 群馬大学 | 1 | | 2 | 2 | 193 | 21 | 169 | 24 | 76 | 20 | 272 | 77 | 2 | | 715 | 144 | 859 | 16.8 |
| 24 山形大学 | 1 | | 5 | | 264 | 23 | 230 | 36 | 55 | 11 | 176 | 40 | 3 | 2 | 734 | 112 | 846 | 13.2 |
| 25 愛媛大学 | 1 | | 4 | | 267 | 23 | 236 | 43 | 70 | 16 | 142 | 38 | 1 | 4 | 721 | 124 | 845 | 14.7 |
| 26 琉球大学 | 1 | | 6 | 1 | 269 | 26 | 219 | 35 | 46 | 21 | 165 | 46 | | | 706 | 129 | 835 | 15.4 |
| 27 三重大学 | 1 | | 4 | | 237 | 33 | 164 | 34 | 79 | 12 | 187 | 50 | | | 672 | 129 | 801 | 16.1 |
| 28 鳥取大学 | 1 | | 6 | | 190 | 23 | 171 | 26 | 60 | 29 | 207 | 75 | | | 635 | 153 | 788 | 19.4 |
| 29 島根大学 | 1 | | 3 | | 237 | 17 | 173 | 36 | 55 | 28 | 164 | 57 | 2 | 4 | 635 | 142 | 777 | 18.3 |
| 30 弘前大学 | 1 | | 7 | | 186 | 26 | 167 | 29 | 78 | 24 | 138 | 43 | 45 | 22 | 622 | 144 | 766 | 18.8 |
| 31 東京医科歯科大学 | 1 | | 6 | | 130 | 24 | 102 | 24 | 96 | 19 | 272 | 90 | | | 607 | 157 | 764 | 20.5 |
| 32 岐阜大学 | 1 | | | | 241 | 26 | 197 | 33 | 32 | 5 | 153 | 51 | 1 | 1 | 625 | 116 | 741 | 15.7 |
| 33 山梨大学 | 1 | | 5 | | 177 | 17 | 163 | 31 | 37 | 8 | 241 | 59 | | | 624 | 115 | 739 | 15.6 |
| 34 静岡大学 | 1 | | 7 | 1 | 308 | 34 | 212 | 46 | 39 | 14 | 54 | 14 | 1 | | 622 | 109 | 731 | 14.9 |
| 35 佐賀大学 | 1 | | 4 | | 218 | 17 | 163 | 34 | 56 | 16 | 138 | 58 | 3 | 1 | 583 | 126 | 709 | 17.8 |
| 36 高知大学 | 1 | | 7 | 1 | 191 | 14 | 141 | 37 | 87 | 24 | 126 | 47 | | | 553 | 123 | 676 | 18.2 |
| 37 宮崎大学 | 1 | | 6 | 1 | 162 | 16 | 158 | 25 | 39 | 17 | 185 | 54 | | 2 | 551 | 115 | 666 | 17.3 |
| 38 香川大学 | 1 | | | | 215 | 27 | 144 | 28 | 38 | 15 | 106 | 46 | | 4 | 504 | 120 | 624 | 19.2 |
| 39 横浜国立大学 | 1 | | 4 | | 276 | 30 | 160 | 51 | 20 | 9 | 32 | 6 | 6 | 11 | 499 | 107 | 606 | 17.7 |
| 40 大分大学 | 1 | | 3 | | 163 | 19 | 111 | 31 | 43 | 9 | 161 | 47 | | 8 | 482 | 114 | 596 | 19.1 |
| 41 秋田大学 | 1 | | 3 | | 160 | 20 | 134 | 17 | 62 | 13 | 118 | 53 | | | 478 | 103 | 581 | 17.7 |
| 42 福井大学 | 1 | | 3 | | 158 | 14 | 134 | 26 | 53 | 12 | 98 | 37 | 2 | 5 | 449 | 94 | 543 | 17.3 |
| 43 茨城大学 | 1 | | 4 | | 249 | 20 | 165 | 36 | 28 | 7 | 14 | 6 | 2 | 3 | 463 | 72 | 535 | 13.5 |
| 44 埼玉大学 | 1 | | 6 | | 187 | 27 | 138 | 38 | 6 | 4 | 58 | 13 | | | 396 | 82 | 478 | 17.2 |
| 45 東京農工大学 | 1 | | 4 | 1 | 145 | 10 | 136 | 25 | 16 | 13 | 65 | 11 | 1 | | 368 | 60 | 428 | 14.0 |

| 大学名 | 教員数（本務者） | | | | | | | | | | | | | | | | |
|---|---|---|---|---|---|---|---|---|---|---|---|---|---|---|---|---|---|
| | 学長 (a) | | 副学長 (b) | | 教授 (c) | | 准教授 (d) | | 講師 (e) | | 助教 (f) | | 助手 (g) | | 計 (a+b+c+d+e+f+g) | | | |
| | 男 | 女 | 男 | 女 | 男 | 女 | 男 | 女 | 男 | 女 | 男 | 女 | 男 | 女 | 男 | 女 | 計 | 女性比率(%) |
| 46 北海道教育大学 | 1 | | 6 | 1 | 170 | 27 | 127 | 37 | 43 | 13 | | | | | 347 | 78 | 425 | 18.4 |
| 47 岩手大学 | 1 | | 6 | 1 | 168 | 7 | 134 | 24 | 2 | 4 | 37 | 7 | | | 348 | 43 | 391 | 11.0 |
| 48 一橋大学 | 1 | | 3 | | 166 | 28 | 71 | 20 | 17 | 7 | 6 | 1 | 7 | 53 | 271 | 109 | 380 | 28.7 |
| 49 滋賀医科大学 | 1 | | 3 | | 54 | 9 | 38 | 10 | 42 | 11 | 154 | 45 | 2 | 10 | 294 | 85 | 379 | 22.4 |
| 50 九州工業大学 | 1 | | | | 132 | 5 | 140 | 16 | 3 | 1 | 61 | 3 | | | 337 | 25 | 362 | 6.9 |
| 51 旭川医科大学 | 1 | | 3 | | 53 | 10 | 39 | 5 | 49 | 9 | 145 | 33 | | | 290 | 57 | 347 | 16.4 |
| 52 宇都宮大学 | 1 | | 3 | 1 | 127 | 20 | 112 | 25 | 10 | 8 | 32 | 5 | 1 | | 286 | 59 | 345 | 17.1 |
| 53 名古屋工業大学 | 1 | | | | 135 | 7 | 130 | 7 | | | 56 | 8 | | | 322 | 22 | 344 | 6.4 |
| 54 東京学芸大学 | 1 | | 4 | | 137 | 31 | 91 | 35 | 20 | 17 | 3 | 1 | | | 256 | 84 | 340 | 24.7 |
| 55 浜松医科大学 | 1 | | 3 | | 53 | 11 | 41 | 13 | 41 | 4 | 120 | 32 | | | 259 | 60 | 319 | 18.8 |
| 56 京都工芸繊維大学 | 1 | | 4 | | 116 | 13 | 91 | 14 | 5 | 4 | 51 | 10 | 1 | 1 | 269 | 42 | 311 | 13.5 |
| 57 電気通信大学 | 1 | | 4 | 1 | 120 | 6 | 103 | 10 | 4 | | 55 | 4 | | | 287 | 21 | 308 | 6.8 |
| 58 和歌山大学 | 1 | | 3 | | 116 | 23 | 76 | 30 | 10 | 1 | 15 | 13 | 1 | 3 | 222 | 71 | 293 | 24.2 |
| 59 東京芸術大学 | 1 | | 2 | | 112 | 17 | 61 | 25 | 4 | 4 | 27 | 14 | 1 | 4 | 208 | 64 | 272 | 23.5 |
| 60 大阪教育大学 | 1 | | 5 | 1 | 122 | 26 | 61 | 33 | 9 | 6 | 2 | | | | 200 | 66 | 266 | 24.8 |
| 61 愛知教育大学 | | 1 | 3 | | 101 | 12 | 68 | 22 | 28 | 8 | 7 | 3 | 1 | | 208 | 46 | 254 | 18.1 |
| 62 東京外国語大学 | 1 | | 2 | 2 | 89 | 31 | 43 | 36 | 17 | 18 | 5 | 3 | 1 | | 158 | 90 | 248 | 36.3 |
| 63 東京海洋大学 | 1 | | 5 | | 84 | 10 | 77 | 14 | 1 | | 34 | 6 | 11 | | 213 | 30 | 243 | 12.3 |
| 64 豊橋技術科学大学 | 1 | | 2 | | 76 | 2 | 67 | 7 | 14 | 2 | 64 | 1 | 4 | 2 | 228 | 14 | 242 | 5.8 |
| 65 福島大学 | 1 | | 4 | 1 | 109 | 21 | 76 | 18 | 5 | 1 | 1 | | | 1 | 196 | 42 | 238 | 17.6 |
| 66 長岡技術科学大学 | 1 | | 5 | | 71 | 4 | 68 | 6 | 5 | | 49 | 8 | 1 | | 200 | 18 | 218 | 8.3 |
| 67 滋賀大学 | 1 | | 3 | | 81 | 22 | 66 | 19 | 14 | 6 | | | 1 | 3 | 166 | 50 | 216 | 23.1 |
| 68 お茶の水女子大学 | | 1 | 1 | 2 | 69 | 31 | 28 | 28 | | 14 | 5 | 12 | 1 | 19 | 104 | 107 | 211 | 50.7 |
| 69 奈良女子大学 | 1 | | 2 | 1 | 73 | 22 | 51 | 24 | 7 | 7 | 3 | 19 | | | 137 | 73 | 210 | 34.8 |
| 70 奈良先端科学技術大学院大学 | 1 | | 2 | | 52 | 2 | 42 | | | | 81 | 17 | 2 | | 180 | 19 | 199 | 9.5 |
| 71 室蘭工業大学 | 1 | | 6 | | 72 | 4 | 59 | 7 | 7 | | 36 | 4 | | | 181 | 15 | 196 | 7.7 |
| 72 福岡教育大学 | 1 | | 6 | | 93 | 26 | 39 | 13 | 4 | 2 | | 1 | | | 143 | 42 | 185 | 22.7 |
| 73 北陸先端科学技術大学院大学 | 1 | | 1 | | 59 | 2 | 51 | 2 | 5 | | 51 | 4 | | | 168 | 8 | 176 | 4.5 |
| 74 兵庫教育大学 | 1 | | 2 | | 77 | 16 | 37 | 14 | 5 | 4 | 5 | 8 | | | 127 | 42 | 169 | 24.9 |
| 75 上越教育大学 | 1 | | 3 | | 59 | 13 | 47 | 15 | 12 | 5 | 1 | | | | 123 | 33 | 156 | 21.2 |
| 76 北見工業大学 | 1 | | 4 | | 45 | 2 | 59 | 3 | 5 | 1 | 31 | 2 | | | 145 | 8 | 153 | 5.2 |
| 77 鳴門教育大学 | 1 | | | | 64 | 14 | 37 | 18 | 12 | 1 | | 1 | | | 114 | 34 | 148 | 23.0 |
| 78 帯広畜産大学 | 1 | | 2 | | 61 | 4 | 31 | 3 | 8 | 1 | 19 | 7 | | | 122 | 15 | 137 | 10.9 |
| 79 小樽商科大学 | 1 | | 3 | | 61 | 8 | 41 | 7 | | | 4 | | | 3 | 110 | 18 | 128 | 14.1 |
| 80 京都教育大学 | | 1 | 5 | 1 | 55 | 12 | 37 | 12 | 1 | 2 | | | | | 98 | 28 | 126 | 22.2 |
| 81 宮城教育大学 | 1 | | 3 | | 58 | 11 | 32 | 7 | 2 | | | 2 | | | 96 | 20 | 116 | 17.2 |
| 82 筑波技術大学 | 1 | | 1 | | 41 | 8 | 31 | 9 | 4 | 3 | 10 | 4 | | 3 | 88 | 27 | 115 | 23.5 |
| 83 奈良教育大学 | 1 | | 4 | | 51 | 7 | 30 | 13 | 2 | | | | | | 88 | 20 | 108 | 18.5 |
| 84 政策研究大学院大学 | 1 | | 4 | | 49 | 7 | 20 | 7 | | | 1 | 2 | | | 74 | 17 | 91 | 18.7 |
| 85 鹿屋体育大学 | 1 | | 2 | | 24 | 2 | 13 | 2 | 10 | 2 | 7 | 3 | | 1 | 57 | 10 | 67 | 14.9 |
| 86 総合研究大学院大学 | 1 | | | 1 | 3 | 1 | 4 | 1 | 3 | 2 | 8 | 3 | | | 19 | 8 | 27 | 29.6 |

（注）平成27（2015）年5月1日現在の教員数。
（備考）独立行政法人大学改革支援・学位授与機構ポータルサイト情報「大学基本情報2015（H27）」（教員数）より作成。
　　　平成28（2016）年7月31日時点のポータルサイト情報であり，更新情報に留意すること。

表5 平成27（2015）年 大学別教員数（職階別・男女別，公立大学等*，教員数順）

| 大学名 | 学長(a) | | 副学長(b) | | 教授(c) | | 准教授(d) | | 講師(e) | | 助教(f) | | 助手(g) | | 計(a+b+c+d+e+f+g) | | | |
|---|---|---|---|---|---|---|---|---|---|---|---|---|---|---|---|---|---|---|
| | 男 | 女 | 男 | 女 | 男 | 女 | 男 | 女 | 男 | 女 | 男 | 女 | 男 | 女 | 男 | 女 | 計 | 女性比率(%) |
| 1 横浜市立大学 | 1 | | 4 | | 120 | 21 | 134 | 40 | 50 | 11 | 239 | 88 | 3 | 1 | 551 | 161 | 712 | 22.6 |
| 2 福島県立医科大学 | 1 | | 6 | | 103 | 9 | 84 | 11 | 80 | 25 | 132 | 47 | 119 | 45 | 525 | 137 | 662 | 20.7 |
| 3 兵庫県立大学 | 1 | | 4 | | 199 | 36 | 148 | 37 | 12 | 9 | 54 | 24 | | 8 | 418 | 114 | 532 | 21.4 |
| 4 公立大学法人 名古屋市立大学 | 1 | | 3 | | 118 | 22 | 99 | 23 | 65 | 27 | 129 | 34 | | 6 | 415 | 112 | 527 | 21.3 |
| 5 京都府立医科大学 | 1 | | 4 | | 38 | 7 | 47 | 5 | 71 | 15 | 205 | 47 | | | 366 | 74 | 440 | 16.8 |
| 6 札幌医科大学 | 1 | | | | 62 | 7 | 42 | 14 | 85 | 16 | 122 | 33 | 2 | 6 | 314 | 76 | 390 | 19.5 |
| 7 奈良県立医科大学 | 1 | | 2 | | 43 | 10 | 48 | 8 | 48 | 19 | 145 | 40 | | | 287 | 77 | 364 | 21.2 |
| 8 和歌山県立医科大学 | 1 | | 1 | | 49 | 10 | 39 | 10 | 76 | 20 | 110 | 40 | | | 276 | 80 | 356 | 22.5 |
| 9 北九州市立大学 | 1 | | 3 | 1 | 117 | 18 | 82 | 27 | 12 | 2 | 1 | | | | 216 | 48 | 264 | 18.2 |
| 10 静岡県立大学 | 1 | | 3 | | 69 | 12 | 43 | 12 | 28 | 16 | 47 | 30 | | | 191 | 70 | 261 | 26.8 |
| 11 県立広島大学 | 1 | | 1 | 1 | 74 | 21 | 58 | 31 | 9 | 11 | 9 | 21 | | 3 | 152 | 88 | 240 | 36.7 |
| 12 秋田県立大学 | 1 | | 1 | | 71 | 4 | 80 | 7 | | | 41 | 9 | | | 194 | 20 | 214 | 9.3 |
| 13 岩手県立大学 | 1 | | 2 | | 51 | 13 | 47 | 19 | 26 | 15 | 7 | 14 | 2 | 7 | 136 | 68 | 204 | 33.3 |
| 14 滋賀県立大学 | 1 | | 3 | | 57 | 12 | 49 | 22 | 6 | 1 | 28 | 14 | | 10 | 144 | 59 | 203 | 29.1 |
| 15 広島市立大学 | 1 | | 2 | | 58 | 10 | 59 | 9 | 25 | 7 | 23 | 5 | | | 168 | 31 | 199 | 15.6 |
| 16 岡山県立大学 | 1 | | | | 45 | 18 | 38 | 17 | 3 | 8 | 22 | 10 | 1 | 1 | 110 | 54 | 164 | 32.9 |
| 17 福井県立大学 | 1 | | 2 | | 61 | 12 | 34 | 13 | 20 | 8 | 3 | 7 | | 2 | 121 | 42 | 163 | 25.8 |
| 18 高知工科大学 | 1 | | 1 | | 63 | 3 | 36 | 4 | 8 | 1 | 30 | 4 | | 3 | 139 | 15 | 154 | 9.7 |
| 19 京都府立大学 | 1 | | 3 | | 49 | 9 | 45 | 12 | 14 | 6 | 8 | 2 | | | 120 | 29 | 149 | 19.5 |
| 20 長崎県立大学 | 1 | | 2 | 1 | 53 | 11 | 22 | 9 | 14 | 13 | 3 | 5 | | | 95 | 39 | 134 | 29.1 |
| 21 高知県立大学 | | 1 | 1 | 1 | 22 | 18 | 14 | 14 | 7 | 11 | 6 | 28 | | 2 | 50 | 75 | 125 | 60.0 |
| 22 九州歯科大学 | 1 | | 3 | | 24 | 2 | 20 | 2 | 11 | 4 | 34 | 22 | 1 | | 94 | 30 | 124 | 24.2 |
| 23 山梨県立大学 | 1 | | | | 24 | 24 | 12 | 22 | 10 | 15 | 2 | 4 | | 2 | 49 | 67 | 116 | 57.8 |
| 24 会津大学 | 1 | | | | 33 | 1 | 65 | 7 | | | 1 | 2 | 1 | | 101 | 10 | 111 | 9.0 |
| 25 富山県立大学 | 1 | | 1 | | 28 | 1 | 44 | 1 | 25 | 2 | 4 | 1 | | | 103 | 5 | 108 | 4.6 |
| 26 福岡県立大学 | 1 | | | | 13 | 10 | 17 | 15 | 7 | 16 | 1 | 20 | | 5 | 39 | 66 | 105 | 62.9 |
| 27 高崎経済大学 | 1 | | 2 | | 43 | 6 | 32 | 14 | 3 | 2 | | | | | 81 | 22 | 103 | 21.4 |
| 28 神奈川県立保健福祉大学 | 1 | | 1 | | 19 | 15 | 8 | 20 | 5 | 14 | 6 | 13 | | | 40 | 62 | 102 | 60.8 |
| 29 名桜大学 | 1 | | | 1 | 25 | 8 | 27 | 21 | | | 4 | 8 | 1 | 4 | 58 | 42 | 100 | 42.0 |
| 30 島根県立大学 | 1 | | 2 | | 21 | 12 | 12 | 13 | 10 | 10 | 1 | 13 | | 3 | 47 | 51 | 98 | 52.0 |
| 31 熊本県立大学 | 1 | | 1 | | 40 | 3 | 24 | 10 | 10 | 3 | | | 1 | 3 | 77 | 19 | 96 | 19.8 |
| 32 都留文科大学 | 1 | | 2 | | 37 | 16 | 13 | 14 | 4 | 5 | | | | | 57 | 35 | 92 | 38.0 |
| 33 福岡女子大学 | | 1 | 4 | | 21 | 7 | 17 | 13 | 11 | 6 | | 3 | | 7 | 54 | 36 | 90 | 40.0 |
| 34 神戸市外国語大学 | 1 | | | | 35 | 14 | 22 | 12 | 3 | 2 | | | | | 61 | 28 | 89 | 31.5 |
| 35 青森県立保健大学 | | 1 | 1 | | 16 | 7 | 8 | 11 | 9 | 10 | 6 | 10 | 1 | 8 | 41 | 47 | 88 | 53.4 |
| 36 静岡文化芸術大学 | 1 | | 1 | | 39 | 11 | 16 | 8 | 7 | 4 | | | | | 64 | 23 | 87 | 26.4 |
| 36 愛知県立芸術大学 | 1 | | | | 39 | 7 | 24 | 10 | 3 | 2 | | | | | 68 | 19 | 87 | 21.8 |
| 38 新潟県立大学 | 1 | | 1 | | 24 | 13 | 17 | 10 | 4 | 4 | 2 | 1 | 1 | 1 | 50 | 29 | 79 | 36.7 |
| 39 札幌市立大学 | 1 | | | 1 | 15 | 10 | 6 | 10 | 7 | 13 | 4 | 6 | | 3 | 33 | 43 | 76 | 56.6 |
| 40 国際教養大学 | 1 | | 1 | | 16 | 4 | 10 | 5 | 9 | 3 | 16 | 9 | | | 53 | 21 | 74 | 28.4 |
| 41 前橋工科大学 | 1 | | 2 | | 32 | 2 | 24 | 2 | 5 | | 3 | | | | 67 | 4 | 71 | 5.6 |
| 42 群馬県立県民健康科学大学 | 1 | | | | 10 | 9 | 10 | 8 | 4 | 18 | 2 | 2 | | 6 | 27 | 43 | 70 | 61.4 |
| 42 名寄市立大学 | 1 | | 1 | | 11 | 8 | 11 | 14 | 6 | 4 | 4 | 9 | | 1 | 34 | 36 | 70 | 51.4 |

| 大学名 | 教員数（本務者） | | | | | | | | | | | | | | | | |
|---|---|---|---|---|---|---|---|---|---|---|---|---|---|---|---|---|---|
| | 学長 (a) | | 副学長 (b) | | 教授 (c) | | 准教授 (d) | | 講師 (e) | | 助教 (f) | | 助手 (g) | | 計 (a+b+c+d+e+f+g) | | | |
| | 男 | 女 | 男 | 女 | 男 | 女 | 男 | 女 | 男 | 女 | 男 | 女 | 男 | 女 | 男 | 女 | 計 | 女性比率(%) |
| 44 石川県立大学 | 1 | | | | 24 | 3 | 25 | 5 | 3 | 1 | 4 | 1 | | | 57 | 10 | 67 | 14.9 |
| 45 下関市立大学 | 1 | | | | 27 | 3 | 18 | 6 | 5 | 6 | | | | | 51 | 15 | 66 | 22.7 |
| 46 神戸市看護大学 | | 1 | | 1 | 5 | 11 | 2 | 8 | 2 | 7 | 3 | 23 | | | 12 | 51 | 63 | 81.0 |
| 47 長野県立看護大学 | | 1 | | | 5 | 6 | 2 | 6 | 2 | 6 | 3 | 22 | 2 | 7 | 14 | 48 | 62 | 77.4 |
| 48 尾道市立大学 | 1 | | 2 | | 24 | 1 | 17 | 3 | 6 | 4 | | | 1 | 2 | 51 | 10 | 61 | 16.4 |
| 49 愛媛県立医療技術大学 | 1 | | | | 8 | 7 | 5 | 6 | 1 | 12 | 6 | 12 | | | 21 | 37 | 58 | 63.8 |
| 49 群馬県立女子大学 | 1 | | | | 21 | 8 | 12 | 8 | 2 | 6 | | | | | 36 | 22 | 58 | 37.9 |
| 51 福山市立大学 | 1 | | | | 21 | 5 | 10 | 9 | 4 | 2 | 1 | | | | 39 | 16 | 55 | 29.1 |
| 51 秋田公立美術大学 | 1 | | 1 | | 14 | 1 | 16 | 3 | 1 | | | 4 | 8 | 6 | 41 | 14 | 55 | 25.5 |
| 53 石川県立看護大学 | | 1 | | | 6 | 10 | 2 | 10 | | 7 | 1 | 10 | | 7 | 9 | 45 | 54 | 83.3 |
| 53 公立鳥取環境大学 | 1 | | 2 | | 25 | 1 | 14 | 8 | 2 | 1 | | | | | 44 | 10 | 54 | 18.5 |
| 55 新潟県立看護大学 | 1 | | | 1 | 4 | 6 | 3 | 10 | 1 | 2 | 2 | 15 | 2 | 6 | 13 | 40 | 53 | 75.5 |
| 55 香川県立保健医療大学 | 1 | | 1 | | 6 | 12 | 3 | 10 | | 3 | 4 | 13 | | | 15 | 38 | 53 | 71.7 |
| 55 静岡県立大学短期大学部 | | | | | 7 | 6 | 4 | 8 | 4 | 12 | | 10 | | 2 | 15 | 38 | 53 | 71.7 |
| 55 山形県立保健医療大学 | 1 | | | | 11 | 6 | 5 | 8 | 5 | 6 | 2 | 9 | | | 24 | 29 | 53 | 54.7 |
| 59 大分県立看護科学大学 | | 1 | | | 7 | 6 | 7 | 4 | | 5 | 4 | 11 | | 7 | 18 | 34 | 52 | 65.4 |
| 60 デジタルハリウッド大学* | 1 | | | | 26 | 2 | 9 | 3 | 6 | 2 | 1 | | | | 43 | 7 | 50 | 14.0 |
| 61 三重県立看護大学 | 1 | | | | 7 | 11 | 3 | 3 | | 4 | 4 | 6 | 2 | 8 | 17 | 32 | 49 | 65.3 |
| 62 大分県立芸術文化短期大学 | 1 | | | | 13 | 4 | 14 | 4 | 9 | 3 | | | | | 37 | 11 | 48 | 22.9 |
| 63 長岡造形大学 | 1 | | | | 29 | 2 | 11 | 2 | | | 1 | | | | 42 | 4 | 46 | 8.7 |
| 64 沖縄県立看護大学 | | 1 | | | 3 | 9 | 4 | 6 | | 7 | 1 | 6 | 1 | 7 | 9 | 36 | 45 | 80.0 |
| 65 釧路公立大学 | 1 | | | | 19 | 2 | 12 | 3 | | 1 | | | | | 32 | 6 | 38 | 15.8 |
| 66 島根県立大学短期大学部 | | | | 1 | 10 | 4 | 4 | 6 | 3 | 3 | | 2 | 1 | | 18 | 16 | 34 | 47.1 |
| 66 青森公立大学 | 1 | | | | 11 | 2 | 9 | 2 | 8 | 1 | | | | | 29 | 5 | 34 | 14.7 |
| 68 山形県立米沢女子短期大学 | | 1 | 1 | | 15 | 1 | 6 | 4 | 3 | 2 | | | | | 25 | 8 | 33 | 24.2 |
| 69 奈良県立大学 | 1 | | | | 7 | 3 | 9 | 5 | 6 | 1 | | | | | 23 | 9 | 32 | 28.1 |
| 69 宮崎公立大学 | 1 | | | | 14 | 2 | 9 | 3 | | | 2 | 1 | | | 25 | 7 | 32 | 21.9 |
| 71 新見公立大学 | 1 | | 1 | | 4 | 8 | | 4 | 1 | 4 | | 1 | | 7 | 7 | 24 | 31 | 77.4 |
| 72 会津大学短期大学部 | | | | | 10 | 1 | 4 | 3 | 8 | 1 | | | 1 | 2 | 23 | 7 | 30 | 23.3 |
| 73 岩手県立大学盛岡短期大学部 | | | | | 6 | 3 | 4 | 5 | 1 | 3 | | 2 | | 1 | 11 | 14 | 25 | 56.0 |
| 74 敦賀市立看護大学 | | 1 | | | 4 | 7 | 1 | 4 | 2 | 2 | | 1 | 1 | 1 | 8 | 16 | 24 | 66.7 |
| 75 倉敷市立短期大学 | 1 | | | | 4 | 3 | 5 | 5 | 2 | 3 | | | | | 12 | 11 | 23 | 47.8 |
| 76 山形県立米沢栄養大学 | | 1 | | | 6 | 2 | 4 | 1 | 1 | | | 2 | 2 | 3 | 12 | 10 | 22 | 45.5 |
| 77 新見公立短期大学 | | | | | 3 | 2 | 2 | 2 | 2 | 3 | 1 | 2 | | 1 | 8 | 10 | 18 | 55.6 |
| 78 大月短期大学 | 1 | | | | 5 | 2 | 6 | 1 | | | | 1 | | | 12 | 4 | 16 | 25.0 |
| 78 岩手県立大学宮古短期大学部 | | | | | 5 | | 5 | | 3 | | | 1 | | 1 | 13 | 3 | 16 | 18.8 |
| 80 名寄市立大学短期大学部 | 1 | | | | 3 | 1 | 2 | | 1 | 1 | | | | | 7 | 2 | 9 | 22.2 |

\* デジタルハリウッド大学は，株式会社立大学。
（注）平成 27（2015）年 5 月 1 日現在の教員数。
（備考）独立行政法人大学改革支援・学位授与機構ポータルサイト情報「大学基本情報 2015（H27）」（教員数）より作成。
平成 28（2016）年 7 月 31 日時点のポータルサイト情報であり，更新情報に留意すること。

## 表6 文部科学省ダイバーシティ研究環境実現イニシアティブ・女性研究者支援事業実施代表機関
（平成18（2006）年度～平成28（2016）年度）（五十音順）

**【大学】**

| | |
|---|---|
| 1 | 秋田大学 |
| 2 | 茨城大学 |
| 3 | 岩手大学 |
| 4 | 宇都宮大学 |
| 5 | 愛媛大学 |
| 6 | 大分大学 |
| 7 | 大阪市立大学 |
| 8 | 大阪大学 |
| 9 | 大阪府立大学 |
| 10 | 岡山大学 |
| 11 | お茶の水女子大学 |
| 12 | 香川大学 |
| 13 | 鹿児島大学 |
| 14 | 金沢大学 |
| 15 | 関西学院大学 |
| 16 | 岐阜大学 |
| 17 | 九州大学 |
| 18 | 杏林大学 |
| 19 | 京都工芸繊維大学 |
| 20 | 京都産業大学 |
| 21 | 京都大学 |
| 22 | 京都府立大学 |
| 23 | 京都府立医科大学 |
| 24 | 熊本大学 |
| 25 | 群馬大学 |
| 26 | 慶應義塾大学 |
| 27 | 高知大学 |
| 28 | 神戸大学 |
| 29 | 佐賀大学 |
| 30 | 滋賀医科大学 |
| 31 | 静岡大学 |
| 32 | 芝浦工業大学 |
| 33 | 島根大学 |
| 34 | 首都大学東京 |
| 35 | 順天堂大学 |
| 36 | 上智大学 |
| 37 | 信州大学 |
| 38 | 千葉大学 |
| 39 | 筑波大学 |
| 40 | 津田塾大学 |
| 41 | 帝京大学 |
| 42 | 電気通信大学 |
| 43 | 東海大学 |
| 44 | 東京医科歯科大学 |
| 45 | 東京医科大学 |
| 46 | 東京海洋大学 |
| 47 | 東京学芸大学 |
| 48 | 東京藝術大学 |
| 49 | 東京工業大学 |
| 50 | 東京女子医科大学 |
| 51 | 東京女子大学 |
| 52 | 東京大学 |
| 53 | 東京都市大学 |
| 54 | 東京農工大学 |
| 55 | 東邦大学 |
| 56 | 東北大学 |
| 57 | 徳島大学 |
| 58 | 鳥取大学 |
| 59 | 富山大学 |
| 60 | 長崎大学 |
| 61 | 名古屋工業大学 |
| 62 | 名古屋市立大学 |
| 63 | 名古屋大学 |
| 64 | 奈良県立医科大学 |
| 65 | 奈良女子大学 |
| 66 | 奈良先端科学技術大学院大学 |
| 67 | 新潟大学 |
| 68 | 日本女子大学 |
| 69 | 日本大学 |
| 70 | 一橋大学 |
| 71 | 兵庫県立大学 |
| 72 | 弘前大学 |
| 73 | 広島大学 |
| 74 | 福井大学 |
| 75 | 福岡女子大学 |
| 76 | 福岡大学 |
| 77 | 福島県立医科大学 |
| 78 | 北海道大学 |
| 79 | 三重大学 |
| 80 | 宮崎大学 |
| 81 | 武庫川女子大学 |
| 82 | 室蘭工業大学 |
| 83 | 明治大学 |
| 84 | 山形大学 |
| 85 | 山口大学 |
| 86 | 山梨大学 |
| 87 | 横浜国立大学 |
| 88 | 立命館大学 |
| 89 | 琉球大学 |
| 90 | 早稲田大学 |

**【国立研究開発法人等】**

| | |
|---|---|
| 91 | 宇宙航空研究開発機構 |
| 92 | 国立高等専門学校機構 |
| 93 | 産業技術総合研究所 |
| 94 | 情報・システム研究機構 |
| 95 | 森林総合研究所 |
| 96 | 農業環境技術研究所 |
| 97 | 農業・食品産業技術総合研究機構 |
| 98 | 物質・材料研究機構 |
| 99 | 理化学研究所 |

（備考）文部科学省「平成28年度科学技術人材育成費補助事業「ダイバーシティ研究環境実現イニシアティブ（特色型）」，「ダイバーシティ研究環境イニシアティブ（牽引型）」の選定機関の決定について」（平成28年7月29日）及び国立研究開発法人科学技術振興機構（JST）科学技術イノベーション創出基盤構築事業「ダイバーシティ研究環境実現イニシアティブ・女性研究者研究活動支援事業」ウェブサイト情報をもとに作成。

# 著者紹介

**塩満　典子**（しおみつ　のりこ）（第1章，第2章，Column，巻末資料）
現職：国立研究開発法人理化学研究所 仁科加速器研究推進室長
略歴：1984年，東京大学理学部生物学科卒業，科学技術庁入庁。1988～1990年，人事院留学，ハーバード大学公共政策大学院（ケネディ・スクール）修士課程修了，公共政策学修士。放射線医学総合研究所企画室総括研究企画官，科学技術振興事業団国際室調査役，文部科学省宇宙政策課調査国際室長，奈良先端科学技術大学院大学教授，内閣府男女共同参画局参事官・調査課長，日本科学未来館企画室調査役，お茶の水女子大学教授・学長特別補佐，科学技術振興機構科学技術振興調整費業務室長，科学技術システム改革推進室長，宇宙航空研究開発機構国際室参事，男女共同参画推進室長，新事業促進センター参事等を歴任。2015年より現職。
受賞：2007年，日本女性科学者の会功労賞受賞。
主著：『研究資金獲得法』（共著，丸善，2008年）


**北川　慶子**（きたがわ　けいこ）（第3章，第4章，第5章）
現職：聖徳大学教授，博士（社会福祉学）
略歴：1978年東洋大学大学院博士課程社会学研究科修了。郡山女子大学短期大学部講師，佐賀大学教授，佐賀大学学長特別補佐，佐賀大学評議員，佐賀大学男女共同参画推進室長などを歴任。2014年より現職。
受賞：社会・哲学賞（中国大連市）受賞，太田市社会福祉貢献賞（韓国）受賞，佐賀県政功労賞（佐賀県）受賞，日本女性科学者の会功労賞受賞。
主著：『高齢期の選択と決断―アメリカにおける高齢者の生き方としての死への準備』（宣協社，1999年）
『高齢期最後の生活課題と葬送の生前契約』（九州大学出版会，2001年）
『日中社会保障問題研究』（共著，吉林人民出版社，2003年）

**科研費採択に向けた効果的なアプローチ**

2016年9月2日　第一版第一刷発行　　　　　　　　◎検印省略

著　者　塩満典子
　　　　北川慶子

発行所　株式会社　学 文 社
発行者　田 中 千 津 子

郵便番号　　　153-0064
東京都目黒区下目黒 3-6-1
電　話　03(3715)1501(代)
http://www.gakubunsha.com

©2016 SHIOMITSU Noriko & KITAGAWA Keiko Printed in Japan
乱丁・落丁の場合は本社でお取替します。　　印刷所　新灯印刷株式会社
定価は売上カード，カバーに表示。

ISBN 978-4-7620-2668-3